VOLUME 7

LOUISIANE · CALIFORNIE MEXIQUE · AMÉRIQUE DU SUD

D0901927

LES ÉDITIONS TRANScript PUBLISHING

ISBN 2-921488-37-X

La LOUISIANE et La NOUVELLE-ORLÉANS

La cuisine créole et cajun attire à La Nouvelle-Orléans des touristes venus du monde entier. Cette cuisine représente un mélange unique de traditions culinaires et comporte d'excellents plats locaux, devenus célèbres, comme les gumbos à la viande ou aux crustacés, les jambalayas, de même que les huîtres Rockefeller.

Les Français fondèrent La Nouvelle-Orléans en 1718. Moins de cinquante ans plus tard, en 1762, la France céda la Louisiane occidentale à l'Espagne. Et, en 1803, alors que la France venait d'en reprendre possession, Bonaparte vendit la Louisiane aux États-Unis. Les Français furent les inventeurs de spécialités locales comme les crevettes à la rémoulade, le *pampano* (ou poisson) en papillote et les beignets. Avec les balcons ouvragés qui font le charme de La Nouvelle-Orléans, les Espagnols apportèrent des spécialités comme le jambalaya, riz accompagné de fruits de mer, de jambon ou de poulet. Ils ajoutèrent à la marmite familiale des épices fortes en grande quantité. Les Indiens choctaw, originaires du pays, apportèrent leur contribution avec l'utilisation de poudre *filé*, faite de feuilles de sassafras émiettées. Les esclaves noirs y ajoutèrent les gombos (okras) et le jambon fumé, ingrédients typiques de la cuisine créole.

Un orchestre de jazz à La Nouvelle-Orléans

L'un des plats créoles les plus connus est le gumbo. Ce nom est une déformation de gombo (okra), car ce légume entre dans la composition du plat. Le gumbo est le plus souvent préparé avec un mélange de crevettes ou de crabes et de saucisses fumées, cuits avec des oignons, des piments verts doux, du céleri. Il est parfumé de feuilles de laurier ou de sassafras. Les Cajuns d'origine franco-canadienne, qui s'établirent dans les régions boisées et marécageuses de Louisiane au milieu du XVIIIe siècle, aiment que le goût de la poudre *filé* soit particulièrement dominant.

Le jambalaya est la paella de Louisiane, héritage laissé par les Espagnols à La Nouvelle-Orléans. On peut aussi bien le préparer avec du poulet, de la viande ou des crustacés. On y retrouve les mêmes épices que dans le gumbo, mais le riz y est cuit avec le ragoût et non à part.

Un légume assez rare, mais très habituel en Louisiane, est le mireleton, connu aussi sous le nom de christophine ou de chayote. C'est une sorte de courgette vert pâle en forme de poire, à la saveur délicate. Cuit, ce légume est délicieux, farci de préparations raffinées, crevettes coupées en dés, piment vert doux, oignon et céleri mélangés à des tomates et à de la chapelure.

Le riz est la base de la cuisine créole, et les livres de recettes locaux s'étendent longuement sur les secrets de sa cuisson : le riz doit être blanc comme neige, absolument sec, et tous ses grains séparés et distincts... Pour obtenir ce résultat, il doit cuire à l'eau bouillante salée pendant environ 20 min, ou jusqu'à ce que les grains commencent à gonfler. À ce stade, on l'égoutte et on le place dans un four chaud pendant 10 min environ. En Louisiane, on ne laisse pas perdre le moindre grain de riz : quand il y a des restes, ils sont mis dans les crêpes,

les gaufres, les poudings ou les beignets.

La Nouvelle-Orléans est pratiquement encerclée par les eaux du lac Ponchartrain et du golfe du Mexique. La ville est célèbre pour ses fruits de mer. Parmi eux, les huîtres sont très réputées. Elles sont si belles et si savoureuses qu'on les consomme généralement crues avec un filet de jus de citron ou un peu de sauce piquante. Mais leur abondance a favorisé la création de nombreux plats inoubliables. Les huîtres Rockefeller sont farcies d'un mélange d'épinards, d'oignon, de persil et de céleri finement hachés, et cuites au four. La farce est fortement épicée et parfumée au pastis. Les huîtres Bienville sont recouvertes d'un mélange de crevettes et de crème, et cuites au four. Une recette moins élégante, mais tout aussi renommée, est l'huître poo'boy, ou pauvre garçon. C'est une sorte de sandwich fourré d'huîtres frites et juteuses, de feuilles de laitue hachées et de sauce tartare.

Les écrevisses sont une autre richesse des eaux de la Louisiane. Elles sont si abondantes qu'on se contente le plus souvent de les faire cuire à l'eau bouillante et de les servir en montagnes fumantes sur de grands plateaux rectangulaires. Elles entrent toutefois dans la composition de certains plats, par exemple dans un plat cajun inoubliable, la bisque d'écrevisses, faite de chair d'écrevisse enrichie des parties crémeuses contenues dans la tête de celle-ci et généreusement relevée de poivre de Cayenne. L'écrevisse cuite à l'étouffée, autre spécialité cajun, se prépare en laissant mijoter les écrevisses avec de l'oignon haché, des piments verts doux, du céleri et de l'ail.

Les beignets sont une autre spécialité de Louisiane. Ils sont préparés avec un mélange de farine et de blé et de levure et parfumés au zeste de citron, au cognac ou au rhum. On les sert fumants, saupoudrés de sucre, avec le café créole, mélangé de chicorée. ■

■ BEIGNETS de RIZ FRITS

Le riz est à la base de la cuisine de Louisiane, et l'on trouve une utilisation à tout reste de riz.

- *fermentation de la pâte : 1 nuit*
  - *45 min*
  - *environ 20 beignets*

350 mL (1 1/2 tasse) de riz très cuit
10 mL (2 c. à thé) de levure sèche
3 oeufs battus
60 mL (1/4 de tasse) de sucre
1 mL (1/4 de c. à thé) de sel
1 grosse pincée de noix de
**   muscade fraîchement râpée**
125 mL (1/2 tasse) de farine
huile pour friture
sucre à glacer ou extra-fin

● La veille, écraser le riz cuit à la fourchette, au mélangeur ou au robot et le mettre dans un grand bol. Délayer la levure avec 30 mL (2 c. à tab.) d'eau chaude, puis la verser dans le riz en mélangeant bien. Couvrir, placer dans un endroit chaud et laisser lever toute la nuit.

(Le mélange ne lève pas autant qu'une pâte préparée à la farine de blé).

● Le lendemain, ajouter les oeufs à la pâte de riz ainsi que le sucre, le sel, la muscade et suffisamment de farine pour obtenir une pâte épaisse. Couvrir et faire à nouveau lever la pâte dans un endroit chaud de 30 à 40 min.

● Faire chauffer l'huile pour friture à 185 °C (360 °F) : à cette température, un dé de pain rassis y dore en 60 secondes. Prélever la pâte par portions de 15 mL (1 c. à tab.) et faire frire les beignets par petites quantités dans l'huile chaude, jusqu'à ce qu'ils soient dorés de toutes parts. Les retirer au fur et à mesure, les égoutter sur du papier absorbant et les tenir au chaud.

● Lorsque tous les beignets sont prêts, saupoudrer de sucre et servir aussitôt.

■ GUMBO de JAMBON et de VEAU

L'assortiment de légumes verts utilisé dans ce plat n'est jamais mesuré avec précision, mais la légende veut que pour chaque légume différent on se fait un nouvel ami.

- *2 h 30 min*
- *6 à 8 personnes*

1 petit chou vert haché
les fanes de 1 botte de petits
   navets nouveaux
les fanes de 1 botte de carottes
   nouvelles ou de betteraves
les fanes de 1 botte de radis
les tiges vertes de 1 botte
   d'échalotes
1 botte de cresson

250 g (8 oz) d'épinards
1 bouquet de persil
1 petit coeur de chicorée frisée
   (facultatif)
450 g (1 lb) de veau maigre
450 g (1 lb) de jambon maigre
4 oignons
15 mL (1 c. à tab.) d'huile
25 mL (1 1/2 c. à tab.) de beurre
3 feuilles de laurier cassées en
   deux
5 mL (1 c. à thé) de thym séché

Gumbo de jambon et de veau avec du riz aux haricots rouges

2 mL (1/2 c. à thé) de piment de la Jamaïque en poudre
1 mL (1/4 de c. à thé) de clou de girofle moulu
sel et poivre
poivre de Cayenne
riz blanc pour servir

● Retirer le trognon et les feuilles abîmées du chou, laver celui-ci et le hacher. Laver les fanes de navets, de carottes et de radis, les tiges d'échalotes, le cresson, les épinards, le persil et la chicorée. Faire bouillir 3 L (3 1/2 pintes) d'eau dans une marmite et y faire cuire tous ces ingrédients pendant 15 min. Égoutter ensuite tous les légumes à l'écumoire, les déposer dans une passoire, laisser le bouillon de cuisson dans la marmite. Laisser refroidir, puis hacher les légumes.

● Faire chauffer l'huile, puis le beurre à feu moyen dans une grande poêle. Y faire sauter le veau et le jambon pendant 5 min, les retirer à l'écumoire et laisser seulement 30 mL (2 c. à tab.) de matière grasse dans la poêle.

● Faire dorer l'oignon dans la poêle, ajouter les légumes hachés et faire revenir 5 min.

● Verser le contenu de la poêle dans le bouillon de cuisson de légumes, y ajouter les feuilles de laurier coupées en deux, le thym, le piment de la Jamaïque et la poudre de girofle. Porter le liquide à ébullition et laisser mijoter pendant 30 min. Ajouter du sel, du poivre et le poivre de Cayenne et laisser cuire encore 30 min. Goûter et rectifier l'assaisonnement.

● Pour servir, mettre du riz blanc dans des bols à soupe et recouvrir de gumbo. Ce gumbo est original du fait qu'il ne contient ni gombos (okras) ni poudre filé.

■ RIZ aux HARICOTS ROUGES

● *trempage : 12 h*
● *préparation et cuisson : 2 h 15 min*
● *6 à 8 personnes*

500 mL (2 tasses) de haricots rouges
1 piment vert doux haché
3 oignons hachés
2 gousses d'ail hachées
60 mL (1/4 de tasse) de gras de bacon ou un mélange à parts égales de beurre et d'huile
20 mL (4 c. à thé) de beurre
2 feuilles de laurier cassées en deux
225 g (8 oz) de porc mariné ou de jambon fumé coupé en dés
250 mL (1 tasse) de riz à grain long pour servir

● Mettre les haricots dans un bol, les couvrir d'eau froide et les laisser tremper au moins 12 h.

● Égoutter les haricots, les verser dans une marmite, ajouter 1,5 L (6 tasses) d'eau froide et porter à ébullition.

● Faire chauffer le gras de bacon à feu moyen dans une poêle à fond épais. Ajouter le piment, l'oignon et l'ail, et laisser cuire jusqu'à ce que l'oignon soit fondu.

● Ajouter ce mélange aux haricots ainsi que les feuilles de laurier émiettées. Laisser cuire à feu doux pendant 1 h.

● Ajouter les dés de porc ou de jambon aux haricots, du sel et du poivre. Laisser cuire doucement pendant encore 1 h.

● Dès que les haricots sont cuits, les égoutter. Disposer le riz dans un plat de service chaud, verser les haricots rouges dessus et servir immédiatement.

■ HUITRES ROCKEFELLER

Ce plat raffiné fut créé chez Antoine, un des restaurants les plus populaires de La Nouvelle-Orléans. Le nom s'inspire de la richesse du plat.

- *ouvrir les huîtres + 30 min*
- *4 à 6 personnes*

175 mL (3/4 de tasse) de beurre à la température de la pièce
250 mL (1 tasse) d'épinards cuits, hachés fin
150 mL (5/8 de tasse) de queues d'échalotes, hachées fin
75 mL (1/3 de tasse) de persil, haché fin
60 mL (1/4 de tasse) de céleri haché fin
2 mL (1/2 c. à thé) de sel
1 mL (1/4 c. de c. à thé) de poivre
2 mL (1/2 c. à thé) de marjolaine séchée
1 bonne pincée de poivre de Cayenne
60 mL (4 c. à tab.) de Pernod

24 grosses huîtres en demi-coquille gros sel ou sel marin

● Mélanger tous les ingrédients à l'exception des huîtres et du sel marin. Bien remuer et réfrigérer 15 min, jusqu'à ce que le mélange soit légèrement raffermi.

● Faire chauffer le four à 250 °C (475 °F). Placer les huîtres sur une couche de sel marin, dans un grand plat peu profond allant au four. Placer 15 mL (1 c. à tab.) de la garniture sur chaque huître en pressant bien pour qu'elle couvre l'huître entière.

● Faire cuire sur la grille la plus haute du four de 8 à 10 min, jusqu'à ce que le dessus brunisse et fasse des bulles. Retirer les huîtres dans leur demi-coquille du plat et servir chaud.

■ GÂTEAU à la MÉLASSE de la LOUISIANE

- *environ 1 h 30 min*
- *8 personnes*

250 mL (1 tasse) de beurre mou
100 mL (3/8 de tasse) de sucre
4 oeufs, blancs et jaunes séparés
5 mL (1 c. à thé) de poudre à pâte
5 mL (1 c. à thé) de bicarbonate de soude
300 mL (1 1/4 tasse) de mélasse
7 mL (1 1/2 c. à thé) de poudre de gingembre
2 mL (1/2 c. à thé) de clou de girofle moulu
800 mL (3 1/4 tasses) de farine tamisée
beurre pour graisser le moule

● Faire chauffer le four à 190 °C (375 °F). Battre le beurre en crème avec le sucre dans un grand bol, jusqu'à ce que le mélange soit léger et mousseux. Ajouter les jaunes d'oeufs et fouetter.

● Verser 250 mL (1 tasse) d'eau bouillante dans un bol, y ajouter la poudre à pâte, le bicarbonate de soude et la mélasse, mélanger. Incorporer ce mélange au contenu du premier bol, ajouter les épices puis la farine et bien mélanger le tout.

● Battre les blancs d'oeufs en neige ferme et les incorporer au mélange précédent. Beurrer largement un moule en couronne à fond amovible de 23 cm (9 po) de diamètre. Y verser la préparation, glisser au four et laisser cuire environ 35 min, jusqu'à ce qu'une brochette piquée au centre du gâteau en sorte sèche. Laisser refroidir, puis démouler le gâteau et servir froid.

● ●

■ CAFÉ BRÛLOT

- *15 min*
- *6 à 8 portions*

5 clous de girofle
1 bâton de cannelle brisé en deux
15 mL (1 c. à tab.) de zeste d'orange râpé
15 mL (1 c. à tab.) de zeste de citron râpé
15 mL (1 c. à tab.) (ou plus) de sucre
150 mL (5/8 de tasse) de brandy
1 L (4 tasses) de café frais

● Mélanger les épices avec les zestes, le sucre et le brandy dans une grande casserole et bien remuer.

● Amener à ébullition et faire flamber. Ajouter peu à peu le café, en laissant flamber le plus longtemps possible. Goûter et ajouter plus de sucre si vous le désirez, filtrer et servir dans des demi-tasses.

● ●

■ BONBONS PRALINÉS

- *1 h*
- *24 bonbons*

300 mL (1 1/4 tasse) de sucre	**1 mL (1/4 de c. à thé) de crème de**
300 mL (1 1/4 tasse) de cassonade	**tartre**

Bonbons pralinés et punch au lait

● ●

6 mL (1 1/4 c. à thé) d'essence de
vanille
1 mL (1/4 de c. à thé) de sel
250 mL (1 tasse) de crème à 35 %
45 mL (3 c. à tab.) de beurre non
salé
500 mL (2 tasses) de pacanes ou de
moitiés de noix de grenoble

● Mélanger le sucre, la cassonade, le sel,
la crème et la crème de tartre dans une
casserole et faire chauffer à feu moyen.
Faire mijoter en remuant jusqu'à ce que
le sucre soit dissous et que la température
atteigne 114 °C (238 °F) au thermomètre
à bonbons. Retirer la casserole du feu
et laisser refroidir jusqu'à ce que la
température atteigne 104 °C (220 °F).

● Incorporer la vanille et le beurre, et
fouetter jusqu'à ce que le mélange soit
crémeux. Réserver 24 noix et incorporer
le reste.

● En travaillant rapidement pendant que
le mélange est encore chaud, le verser en
cuillerées sur du papier ciré, en espaçant
les portions de 15 cm (6 po). Presser les
bonbons pour façonner des cercles à
l'aide d'un autre carré de papier ciré.
Retirer le papier du dessus et enfoncer
une noix sur chaque bonbon.

● Une fois les bonbons froids et fermes,
couper le papier ciré qui les entoure en
carrés et les replier sur le dessus. Les
garder dans un contenant hermétique et
dans un endroit frais, et les servir après
le dessert avec du café, ou encore en
collation.

■ PUNCH au LAIT

*Il existe à La Nouvelle-Orléans une longue
tradition de cocktails à base de liqueurs,
de cognac, de bourbon et de rhum. Ce
punch au lait, à base de bourbon – whisky
bien américain – sera particulièrement
rafraîchissant durant les chaudes journées
d'été.*

- *10 min*
- *4 personnes*

175 mL (3/4 de tasse) de bourbon
250 mL (1 tasse) de crème à 35 %
200 mL (7/8 de tasse) de lait
15 mL (1 c. à tab.) de sucre
1 mL (1/4 de c. à thé) d'essence de
vanille
glace pilée

● Verser tous les ingrédients dans
un grand shaker, couvrir et brasser
vigoureusement pendant 30 secondes.
Filtrer dans des verres à cocktails et
servir.

■ BANANES FLAMBÉES aux ÉPICES

- *15 min*
- *4 personnes*

4 bananes mûres
45 mL (3 c. à tab.) de beurre non
salé
75 mL (1/3 de tasse) de cassonade
1 mL (1/4 de c. à thé) de cannelle
1 grosse pincée de noix de
muscade
125 mL (1/2 tasse) de rhum
crème glacée à la vanille pour
servir (facultatif)

● Peler les bananes et les couper en deux sur la longueur. Faire fondre le beurre à feu doux dans une grande poêle. Le saupoudrer de cassonade, de cannelle et de muscade. Ajouter la moitié du rhum.

● Placer les demi-bananes dans la poêle et les laisser cuire jusqu'à ce qu'elles soient dorées des deux côtés. Laisser frémir 2 min.

● Faire chauffer le reste du rhum dans une louche. L'enflammer et le verser en flammes sur le sucre. À l'aide d'une grande cuillère en métal, arroser lentement les bananes avec ce mélange flambant. Servir dès que les flammes sont éteintes.

Bananes flambées aux épices

La CÔTE OUEST AMÉRICAINE

La cuisine de la Côte ouest des États-Unis doit beaucoup à la richesse en fruits de mer de l'océan Pacifique. Mais c'est le seul point commun des États qui la constituent. Les héritages multiples des différentes populations, surtout des Espagnols, des Italiens et des Chinois qui s'y sont installés, ont apporté à ces États – en particulier la Californie – un riche éventail de recettes.

La côte américaine du Pacifique s'étend sur 2 500 km depuis les montagnes enneigées et l'État de Washington à travers l'Oregon et jusqu'au sud, vers les vallées riches et ensoleillées de Californie. Il n'est pas étonnant qu'une région si étendue n'ait en commun que l'utilisation importante des fruits de mer.

La principale raison de cette diversité tient d'abord à la diversité de ses ethnies. Jusqu'en 1848, la Californie a été dominée par l'Espagne, puis par le Mexique. Les franciscains espagnols avaient fondé une chaîne de vingt et une missions tout le long de ce qu'ils appelaient *el camino real*, la route royale. C'est par cette route que les Espagnols introduisirent dans la région les olives et

Le Golden Gate, célèbre pont de San Francisco

les fruits qui ont rendu la Californie célèbre. Il ne pouvait en effet y avoir de meilleures conditions géographiques et climatiques pour cultiver figuiers, pêchers, orangers, citronniers, abricotiers et grenadiers.

À San Diego et Los Angeles, au sud, l'influence espagnole est particulièrement sensible. Presque à tous les coins de rues, on peut trouver dans les restaurants de *fast food* des plats «tex-mex», c'est-à-dire texans-mexicains : les enchiladas, (crêpes de maïs farcies), les tacos (tortillas fourrées de boeuf haché, de salade verte et de sauce tomate épicée) ou le guacamole, purée d'avocat épicée.

En remontant vers San Francisco, l'influence espagnole est moins présente dans les recettes, quoique les ingrédients d'origine espagnole soient encore nombreux. On sert toujours des olives à l'apéritif, et elles entrent dans de nombreuses recettes, comme le *pan relleno*, pain farci aux olives, ou le ragoût de boeuf. Les jus d'orange et de citron donnent une saveur particulière aux sauces, des garnitures de fruits accompagnent souvent les plats de viande ou de poisson et même certaines soupes. L'avocatier, implanté dans la région en 1871, est largement cultivé. On utilise son fruit aussi bien dans les salades et les sandwiches que pour farcir les omelettes, comme base de soupe ou dans les plats en gelée.

Comme toute grande cité, San Francisco jouit de traditions culinaires d'origines variées. Les Chinois arrivèrent dans cette partie de Californie en 1860 pour travailler au nouveau chemin de fer transcontinental. Comme cuisiniers sur les campements du chemin de fer en construction et plus tard comme restaurateurs, ils se firent une clientèle à San Francisco. Des ingrédients comme les fèves germées, les châtaignes d'eau, les pousses de bambou et les pois mange-tout sont souvent mêlés aux salades et aux plats de légumes.

Lorsque le chemin de fer transcontinental fut achevé en 1869, les immigrants italiens s'établirent dans la région de San Francisco. La ville leur doit l'un de ses plus célèbres plats, le *cioppino*, un ragoût à la tomate où se mélange la pêche du jour : bar, crevettes, homards, crabes, palourdes et huîtres. Le meilleur accompagnement à un repas de fruits de mer est sans doute le pain à pâte sure fraîchement cuit. La version bien spéciale de San Francisco ne peut être copiée, car on y utilise une levure locale.

Les Italiens ont aussi la réputation d'avoir transformé la vallée de Napa, au nord de San Francisco, en une riche région de vignobles. Ils produisent du vin de bonne qualité d'un prix abordable. Les Californiens consomment régulièrement du vin aux repas, ce qui n'est pas habituel aux États-Unis.

Les fruits de mer sont aussi un des éléments les plus importants de la gastronomie de l'Oregon et de l'État de Washington. Les plus beaux cadeaux de l'océan sont ici le saumon du Pacifique et le crabe de Dungeness. Ce saumon se prépare de toutes les manières possibles; il est bouilli, grillé, farci, frit, fumé, préparé en soufflé, mangé avec une vinaigrette... Le crabe de Dungeness, sorte de crabe royal, contient six fois plus de chair que ses cousins de l'Atlantique. C'est peut-être dans le sud qu'on le prépare le mieux, sous le nom de *Frisco crab* ou de *crabe Louis*.

L'Oregon et l'État de Washington sont célèbres aussi pour leur gibier et leurs fruits sauvages, en particulier pour les avelines (sortes de noisettes) et les noix de grenoble. ∎

■ TREMPETTE à l'AVOCAT à l'AMÉRICAINE

Le guacamole est une de ces trempettes que chaque cuisinier semble préparer différemment. Pour atteindre le juste équilibre, il faut goûter, sans relâche; une tâche tout de même très agréable!

• *20 min*
• *6 personnes*

1 avocat
175 mL (3/4 de tasse) de fromage cottage
1 grosse tomate, blanchie, pelée et hachée
1 petit oignon émincé
jus de citron ou de lime
1 ou 2 gouttes de sauce Worcestershire
1 ou 2 gouttes de sauce tabasco ou autre sauce épicée
sel

■ POUR SERVIR
bâtonnets de crudités ou croustilles de pommes de terre et de maïs pour tremper dans la sauce

● Couper l'avocat en deux, enlever le noyau et le peler. Réduire la chair en purée grossière puis ajouter le fromage cottage, la tomate, l'oignon et le reste des ingrédients au goût. Pour une consistance plus crémeuse, réduire le tout en purée au mélangeur.
● Servir dans un bol avec des crudités en bâtonnets et des croustilles de pommes de terre et de maïs.

Trempette à l'avocat

● ●

■ RAGOÛT de POISSON

Cet impressionnant ragoût d'inspiration italienne, appelé cioppino (prononcer chopino), peut être préparé différemment selon la disponibilité des ingrédients.

- 1 h 30 min
- 6 personnes

60 mL (1/4 de tasse) d'huile d'olive
50 mL (1 1/2 c. à tab.) de beurre
2 oignons hachés
1 gros piment doux, coupé en dés
2 - 3 gousses d'ail hachées
5 - 6 tomates italiennes bien mûres, blanchies, pelées et hachées ou l'équivalent en conserve, égouttées, hachées grossièrement

75 mL (1/3 de tasse) de pâte de tomate
1 feuille de laurier
2 mL (1/2 c. à thé) de thym séché
6 grains de poivre
sel
500 mL (2 tasses) de vin blanc sec
450 g (1 lb) de bar ou de tout autre poisson blanc à chair ferme
450 g (1 lb) de chair de crabe cuite
1 ou 2 petits homards cuits, coupés en 6

Ragoût de poisson

● ●

12 palourdes
6 huîtres
175 mL (3/4 de tasse) de persil
haché

● Faire chauffer l'huile d'olive à feu vif dans une grande poêle. Y ajouter le beurre, puis les oignons, le piment et l'ail. Faire cuire en remuant fréquemment jusqu'à ce que l'oignon dore. Ajouter les tomates, la pâte de tomate, le laurier, le thym, les grains de poivre, du sel et 250 mL (1 tasse) de vin. Couvrir et laisser cuire à feu très doux 1 h environ. Vérifier l'assaisonnement.

● Au bout de ce temps, retirer la peau et les arêtes du poisson, le couper en morceaux de 5 cm (2 po). Verser une fine couche de la sauce précédente dans une grande casserole. Poser dessus le poisson, les crevettes, le crabe et recouvrir du reste de la sauce. Ajouter le reste du vin blanc. Déposer les morceaux de homard sur le poisson ainsi que les palourdes et les huîtres. Couvrir et faire cuire à feu moyen 12 min environ, jusqu'à ce que le poisson soit cuit et les palourdes et les huîtres entrouvertes. Éviter de laisser cuire trop longtemps les fruits de mer, ils durciraient.

● Verser dans la casserole ou dans un grand plat, en disposant les palourdes et les huîtres sur le dessus. Parsemer de persil haché. Servir dans des bols à soupe.

Bien que du vin blanc soit utilisé dans la préparation, on sert souvent du vin rouge avec ce plat. Choisir toutefois un vin léger tel un Zinfandel californien.

■ MOUSSE à l'AVOCAT

● *35 min + réfrigération : 4 h*
● *6 personnes*

20 mL (4 c. à thé) de gélatine
250 mL (1 tasse) de bouillon de
volaille
2 gros avocats bien mûrs
20 mL (4 c. à thé) de jus de citron
125 mL (1/2 tasse) de crème sure
ou de mayonnaise
1 pincée de poivre de Cayenne
sel
quelques feuilles de laitue ou
d'épinards

● Mettre 100 mL (3/8 de tasse) d'eau dans un bol, y saupoudrer la gélatine et la laisser gonfler 3 min. Porter le bouillon à ébullition, y verser la gélatine et mélanger hors du feu jusqu'à ce qu'elle soit fondue. Mettre au réfrigérateur et laisser prendre à demi. Compter environ 30 min.

● Pendant ce temps, couper les avocats en deux, en retirer les noyaux, sortir la pulpe des écorces et la réduire en purée au mélangeur ou au robot culinaire, ou passer au tamis.

● Dès que la gélatine a pris la consistance d'un blanc d'oeuf non battu, la mélanger à la purée d'avocat, puis y incorporer le jus de citron, la crème sure et le poivre de Cayenne. Goûter avant de saler.

● Verser la préparation dans un moule d'une capacité d'environ 1 L (4 1/2 tasses). Mettre au réfrigérateur et laisser prendre pendant 4 h. Au moment de servir, couper et éponger les feuilles de laitue. En tapisser un plat. Tremper le moule quelques secondes dans de l'eau chaude, puis le retourner sur le plat.

■ OLIVES à l'AIL MACÉRÉES dans l'HUILE

Vous pouvez utiliser la marinade de nouveau en ajoutant d'autres olives et en remplaçant l'ail par d'autres gousses fraîchement écrasées. Utiliser l'huile sur une salade.

- *10 min + marinage : 3 jours*
- *4 à 6 personnes, si servies avec d'autres hors-d'oeuvre*

250 g (8 oz) d'olives égouttées
3 gousses d'ail écrasées
huile d'olive pour couvrir le tout

● Placer les olives et l'ail dans un grand pot et les couvrir d'huile. Laisser mariner 3 jours, retirer les olives du pot et servir en hors-d'oeuvre ou dans une salade.

• •

■ OMELETTE aux OLIVES et à l'AVOCAT

- *30 min*
- *4 personnes*

25 mL (1 1/2 c. à tab.) de beurre
8 oeufs bien battus
sel et poivre
2 tomates blanchies, pelées et hachées grossièrement
1 avocat coupé en dés

■ SAUCE
30 mL (2 c. à tab.) d'huile d'olive
1 gousse d'ail émincée
12 olives noires ou vertes, dénoyautées puis hachées
75 mL (1/3 de tasse) de crème sure

● Préparer la sauce : faire chauffer l'huile à feu doux dans une casserole. Ajouter l'ail et les olives, faire cuire 1 min, ajouter la crème sure puis faire cuire 2 - 3 min, en remuant constamment, jusqu'à ce que le tout soit bien chaud.

● Entre-temps, faire fondre le beurre à feu moyen dans une poêle, ajouter les oeufs puis du sel et du poivre. Durant la cuisson, soulever les bords de l'omelette afin que le reste puisse prendre à son tour. Quelques minutes avant la fin de la cuisson, ajouter les tomates et l'avocat, et faire cuire jusqu'à ce que le tout soit bien chaud.

● Verser la moitié de la sauce dans l'omelette et la plier en deux. La transférer dans un plat de service puis la couvrir du reste de la sauce. Servir immédiatement, comme déjeuner ou repas léger.

• •

■ FRISCO CRAB

- *20 min*
- *4 personnes*

450 g (1 lb) de chair de crabe cuite
quelques feuilles de laitue
250 mL (1 tasse) de mayonnaise
100 mL (1/3 de tasse) de crème à 35%
60 mL (1/4 de tasse) de sauce chili
1/4 de piment doux, coupé en dés
4 échalotes hachées
30 mL (2 c. à tab.) de cornichons surs hachés
jus de citron
quelques gouttes de sauce Worcestershire
sel
4 oeufs durs tranchés
4 tomates tranchées
persil haché ou quelques olives

● Émietter le crabe en retirant tous les cartilages. Laver les feuilles de laitue et les éponger. En tapisser un grand plat ou des assiettes individuelles. Poser le crabe dessus.

● Mélanger la mayonnaise, la crème, la sauce chili, le piment doux, les échalotes et les cornichons. Ajouter du jus de citron au goût, la sauce Worcestershire, saler si cela est nécessaire.

● Verser sur le crabe et garnir d'oeufs durs et de tomates, de persil ou d'olives.

Frisco crab

● ●

■ HAMBURGERS au ROQUEFORT

- *15 min*
- *4 personnes*

450 g (1 lb) de boeuf haché maigre, divisé en 8 boulettes
125 à 175 g (4 à 6 oz) de roquefort, coupé en 4 tranches
4 petits pains ronds à hamburger coupés en deux, rôtis puis beurrés
sel et poivre

● Faire chauffer le four à gril. Couvrir 4 boulettes de viande de fromage puis couvrir de 4 autres boulettes. Presser les côtés pour sceller.

● Faire griller la viande 4 min au four de chaque côté si vous la désirez saignante et de 5 à 6 min pour une cuisson moyenne. Ajouter du sel, du poivre et glisser dans les petits pains chauds.

■ PAIN FARCI de la CALIFORNIE

- *40 min*
- *6 à 8 personnes*

1 long pain croûté, français ou italien
200 g (7 oz) de *bel paese* ou de cheddar doux, râpé
1/2 oignon émincé
250 mL (1 tasse) d'olives dénoyautées, nature ou farcies au piment, hachées
30 mL (2 c. à tab.) d'huile d'olive
15 mL (1 c. à tab.) de vinaigre de vin
1 mL (1/4 de c. à thé) d'origan séché

● Faire chauffer le four à 170 °C (325 °F). Couper le pain en deux sur le sens de la longueur, mélanger le reste des ingrédients dans un bol puis en tartiner les moitiés de pain. Lui redonner sa forme originale puis l'envelopper dans du papier aluminium.

● Faire chauffer le pain 20 min au four. Le trancher, le placer dans un panier à pain puis le couvrir d'un linge pour le garder au chaud. Ce pain fera un repas vite préparé, seul ou accompagné d'une salade.

■ VINAIGRETTE MILLE-ÎLES

- *5 min*
- *environ 300 mL (1 1/4 tasse) de vinaigrette*

250 mL (1 tasse) de mayonnaise
15 mL (1 c. à tab.) de pâte de tomate
15 à 30 mL (1 à 2 c. à tab.) de vinaigre d'estragon
1 gousse d'ail émincée
1 pincée de poivre de Cayenne
30 mL (2 c. à tab.) de céleri haché
30 mL (2 c. à tab.) de cornichons à l'aneth hachés
10 mL (2 c. à thé) de sauce Worcestershire

● Mélanger la mayonnaise avec le reste des ingrédients, rectifier l'assaisonnement si nécessaire et servir immédiatement. La vinaigrette se garde, couverte, au réfrigérateur.

■ BOEUF aux OLIVES

- *2 h 15 min*
- *6 personnes*

75 mL (1/3 de tasse) d'huile d'olive
1 gros oignon haché
2 gousses d'ail hachées
45 mL (3 c. à tab.) de farine
sel et poivre
1,5 kg (3 1/4 lb) de cubes de boeuf à braiser
250 mL (1 tasse) de vin rouge
24 olives vertes

● Faire chauffer la moitié de l'huile à feu vif dans un grande cocotte. Y faire revenir l'oignon et l'ail en remuant jusqu'à ce que l'oignon dore. Retirer l'oignon et l'ail et les mettre de côté.

● Verser la farine dans une assiette ou dans un sac de plastique. La saler et la poivrer. Y rouler les cubes de viande. Faire chauffer le reste de l'huile dans la cocotte. Y faire sauter la viande jusqu'à ce qu'elle soit dorée. Remettre l'oignon et l'ail dans la cocotte.

● Ajouter le vin rouge et assez d'eau pour couvrir la viande. Porter à ébullition. Couvrir et laisser cuire à feu doux en remuant de temps en temps pendant environ 1 h 30 min, jusqu'à ce que la viande soit bien tendre.

● 5 min avant de servir, ajouter les olives dans la cocotte, mélanger. Goûter et rectifier l'assaisonnement.

Boeuf aux olives et salade avec vinaigrette mille-îles

■ POIRES à la LIME

Ce dessert vient de l'Oregon, célèbre pour ses poires. Si l'on ne trouve pas de poudre d'amandes déjà préparée, passer simplement au mélangeur ou dans un moulin à café des amandes mondées.

- *45 min*
- *6 personnes*

6 poires bien mûres
75 mL (1/3 de tasse) de rhum
30 mL (2 c. à tab.) de jus de lime
30 mL (2 c. à tab.) de miel
60 mL (1/4 de tasse) de poudre
d'amandes
125 mL (1/2 tasse) de crème sure

● Couper les poires en deux, en retirer le coeur et les pépins, les peler. Faire chauffer le four à 180 °C (350 °F). Déposer les demi-poires, la partie coupée vers le haut, dans un grand plat à gratin.
● Mélanger le rhum, le jus de lime, le miel et 60 mL (1/4 de tasse) d'eau. Verser sur les poires. Glisser le plat au four et laisser cuire de 20 à 30 min en arrosant de temps en temps les poires avec leur jus de cuisson.
● Sortir le plat du four. Retourner les poires et les parsemer de poudre d'amandes. Les faire blondir 2 min au four.
● Verser la crème sure sur les poires et servir.

■ PAIN aux DATTES

- *1 h 45 min*
- *1 pain*

350 mL (1 1/2 tasse) de dattes
dénoyautées, grossièrement
hachées
60 mL (1/4 de tasse) de beurre, en
dés
5 mL (1 c. à thé) de bicarbonate de
soude
125 mL (1/2 tasse) de cassonade
1 oeuf battu
175 mL (3/4 de tasse) de lait
700 mL (3 tasses) de farine tout
usage
5 mL (1 c. à thé) de poudre à pâte
175 mL (3/4 de tasse) de noix de
grenoble, grossièrement hachées
2 mL (1/2 c. à thé) de sel

● Faire bouillir 250 mL (1 tasse) d'eau. Arroser les dattes avec l'eau bouillante. Ajouter les dés de beurre aux dattes ainsi que le bicarbonate de soude et la cassonade. Remuer, laisser refroidir.
● Faire chauffer le four à 180 °C (350 °F). Quand les dattes sont à température ambiante, ajouter l'oeuf, le lait, la farine, la poudre à pâte, les noix et le sel. Mélanger.
● Beurrer et fariner un moule à pain de 1,5 L (6 1/2 tasses). Y verser la préparation. Laisser cuire environ 1 h 15 min au four. Vérifier la cuisson en piquant une brochette au centre du pain : elle doit ressortir sèche. Démouler le pain et le laisser refroidir.

La NOUVELLE-ANGLETERRE

En débarquant en Nouvelle-Angleterre, les colons découvrirent un pays riche en produits naturels qu'ils ne connaissaient pas. En y adaptant leurs habitudes culinaires, ils créèrent des recettes devenues traditionnelles aujourd'hui.

La Nouvelle-Angleterre s'étend à l'extrême nord-est des États-Unis et regroupe les États du Maine, du Vermont, du New Hampshire, du Massachusetts, du Rhode Island et du Connecticut. Lorsque les colons y débarquèrent à partir de 1620, ils auraient sans doute préféré ne pas changer leurs habitudes culinaires. Mais pour ne pas mourir de faim, ils durent imiter les Indiens.

À l'époque, et jusqu'à la fin du XVIIe siècle, le blé d'Inde (maïs) était la ressource principale de ces régions et le plat le plus populaire était la simple bouillie de maïs.

Les Indiens la parfumaient au sirop d'érable; les fermiers venant d'Europe, et spécialement d'Angleterre, y ajoutèrent un peu de crème ou de beurre comme ils faisaient chez eux pour le gruau.

Cette bouillie de maïs, cuite longtemps à petit feu, puis refroidie, épaississait tellement qu'on pouvait la couper en tranches. Avec cette pâte, on préparait des pains qui cuisaient ensuite sous la cendre. On en faisait aussi des galettes, souvent appelées *Johnny-cake*, déformation probable du mot *journeycake*, qui veut dire «gâteau de voyage» : c'était la portion nécessaire pour toute la durée d'un voyage.

Avec le temps, la cuisine au maïs devint plus raffinée et évolua selon le goût anglais. Ainsi le pain noir de Boston, mélange de farine de blé, de seigle et de maïs enrichi de babeurre et de mélasse, est-il la version

Homards du Maine

américaine d'une vieille recette anglaise de pouding à la vapeur.

Une abondance de fruits de mer

Très appréciés par les colons, les fruits de mer sont restés l'une des gloires de la cuisine de la Nouvelle-Angleterre.

Les homards et les palourdes abondent toujours et le *clambake*, célèbre plat de palourdes emprunté aux Indiens, a toujours autant de succès. Il est traditionnellement servi le 4 juillet, jour de la fête de l'Indépendance. Pour préparer cette recette, on creuse un trou profond dans la terre, on le tapisse de pierres chauffées, puis d'algues encore salées. Les palourdes sont entassées, puis recouvertes d'une nouvelle couche d'algues et on referme la fosse. Les palourdes s'ouvrent sous l'effet de la chaleur. Après les avoir rincées pour en retirer le sable, on les trempe dans du beurre fondu.

La soupe aux fruits de mer, spécialité bien connue de cette région, se prépare soit avec des palourdes, soit avec d'autres coquillages et différents poissons. Les pommes de terre et le lard salé font presque toujours partie de cette recette, à laquelle on ajoute invariablement du lait. Les homards à grosses pinces du Maine tiennent toujours la place d'honneur dans les menus gastronomiques. À l'époque, on trouvait couramment de gros homards de plus de 13,5 kg (30 lb) alors que, de nos jours, de petits homards de 450 g (1 lb) sont plutôt le lot des pêcheurs. Ils sont cuits à l'eau salée dès qu'ils sont pêchés et dégustés immédiatement avec du beurre fondu.

Une cuisine rustique

Un bon morceau de viande bouillie remplaçait souvent les plats de poisson pendant les longs hivers de la Nouvelle-Angleterre.

La recette la plus populaire, sorte de pot-au-feu baptisé *New England Dinner*, était préparée avec du boeuf salé, bouilli avec carottes, navets, choux, oignons, pommes de terre et betteraves.

Autre plat simple et rustique, les fèves au lard de Boston : comme les palourdes, on les cuisait autrefois dans une fosse tapissée de pierres chaudes. La cuisson devait commencer le vendredi soir ou le samedi matin afin que les fèves soient prêtes le samedi soir à l'heure du repos hebdomadaire des puritains, durant lequel aucun travail ne devait être effectué. On les mange traditionnellement accompagnées de pain noir de Boston.

Les légumes caractéristiques de la région sont les citrouilles et différentes sortes de courges. On sert la citrouille cuite avec du beurre et du sel, ou en tarte. Les courges sont généralement partagées en deux, farcies de cassonade, de beurre, de gingembre ou de cannelle et cuites au four.

Les bleuets, les fraises et les framboises étaient employés dans les poudings cuits à la vapeur, sucrés au sirop d'érable ou au miel et servis avec de la crème fouettée. Les pommes entraient dans la confection de *pies*, tartes typiquement anglaises. ∎

■ SOUPE de POISSON

Le lard salé, présent dans presque toutes les recettes de la Nouvelle-Angleterre, apporte une saveur particulière à ce plat de poisson.

- *15 min + cuisson : 1 h 45 min*
- *6 personnes*

200 g (7 oz) de lard salé
3 gros oignons hachés
**6 petites pommes de terre, pelées
    et coupées en dés**
**1 kg (2,2 lb) de filets de morue ou
    d'aiglefin**
**30 mL (2 c. à tab.) de farine tout
    usage**
1 L (4 3/8 tasses) de lait
**4 mL (3/4 de c. à thé) de thym
    séché**
sel et poivre

● Retirer la couenne du lard, la couper en petits dés et la faire dorer à la poêle.

Égoutter les lardons avec une écumoire et les laisser s'égoutter sur du papier absorbant. Faire dorer les oignons à la poêle, dans le gras de porc.

● Mettre les pommes de terre dans une casserole, avec juste assez d'eau pour les couvrir, et laisser bouillir 5 min. Couper le poisson en morceaux de 4 cm (1 1/2 po) et les ajouter aux pommes de terre. Y ajouter également les oignons.

● Jeter la graisse restée dans la poêle, saupoudrer celle-ci de farine et ajouter le lait et le thym. Saler et poivrer. Mélanger, verser sur les ingrédients contenus dans la casserole et laisser cuire à feu doux 1 h 30 min sans remuer. Vérifier l'assaisonnement et ajouter les lardons au moment de servir.

Soupe de poisson

■ RELISH au MAÏS

• *45 min*
• *2 L (9 tasses)*

5 à 6 épis de maïs ou 570 g (20 oz) de maïs en boîte, égoutté
250 mL (1 tasse) de céleri haché
250 mL (1 tasse) de piment rouge doux, haché
1 oignon émincé
500 mL (2 tasses) de chou râpé
125 mL (1/2 tasse) de sucre
20 mL (4 c. à thé) de sel
7 mL (1 1/2 c. à thé) de moutarde séchée
125 mL (1/2 tasse) de vinaigre de vin blanc

● Si l'on utilise des épis de maïs, détacher les grains des épis à l'aide d'un couteau tranchant. Mélanger le maïs, le céleri, le piment doux, l'oignon et le chou dans une grande casserole émaillée.

● Dans un petit bol, mélanger le sucre, le sel, la moutarde et le vinaigre avec 125 mL (1/2 tasse) d'eau. Verser le mélange dans la casserole et amener à ébullition. Baisser le feu et laisser mijoter pendant 15 min, en remuant fréquemment.

● Rectifier l'assaisonnement, puis verser dans des pots stérilisés. Fermer hermétiquement. La relish se conserve environ 6 mois. Une fois le pot ouvert, la relish se conserve 1 semaine au réfrigérateur.

• •

■ GELÉE de CANNEBERGES

• *1 h + réfrigération : 6 h*
• *10 personnes*

250 mL (1 tasse) de jus d'ananas en boîte
1 sachet de gélatine sans saveur
1 paquet de 150 g (5 oz) de gélatine à saveur de cerise
175 mL (3/4 de tasse) de sucre
10 mL (2 c. à thé) de jus de citron
500 mL (2 tasses) de canneberges nature, finement hachées
le zeste et la chair d'une orange
1 boîte de 250 g (8 oz) d'ananas broyés
125 mL (1/2 tasse) de noix hachées
feuilles de laitue

● Verser le jus d'ananas dans un bol et saupoudrer la gélatine dessus. Laisser reposer 5 minutes.

● Faire dissoudre la gélatine aux cerises dans 250 mL (1 tasse) d'eau bouillante. Incorporer le mélange de jus d'ananas et remuer jusqu'à dissolution complète. Réfrigérer environ 1 h, jusqu'à ce que le tout soit légèrement pris en gelée.

● Ajouter le sucre, le jus de citron, les canneberges, le zeste et la chair d'orange, coupée en morceaux, les ananas et les noix. Incorporer au mélange de gélatine. Verser dans un moule de 1,25 L (5 tasses) et réfrigérer 6 h, jusqu'à ce que la gelée soit bien prise. Démouler sur un lit de laitue hachée.

• •

■ POT-AU-FEU NOUVELLE-ANGLETERRE

Ce plat complet, très facile à préparer, se faisait avec du boeuf cuit et salé à la maison. Le servir avec des betteraves cuites coupées en tranches et légèrement arrosées de vinaigre.

- *20 min + cuisson : 4 h environ*
- *8 personnes*

2 kg (4 1/2 lb) de boeuf salé ou, à défaut, de jambon
6 pommes de terre pelées et coupées en deux
1 gros navet pelé et coupé en dés de 5 cm (2 po)
6 carottes
1 petit chou coupé en 6
10 petits oignons blancs

● Placer le morceau de viande dans une grande marmite, couvrir d'eau froide, porter à ébullition, écumer, puis laisser cuire à feu très doux de 3 à 4 h; la viande doit alors être assez tendre pour qu'on puisse y enfoncer une fourchette. Ajouter de l'eau chaude si cela est nécessaire pendant la cuisson. Si l'on utilise du jambon, laisser frémir d'abord pendant 20 min, puis égoutter la viande, rincer, remettre de l'eau et continuer la cuisson comme pour le boeuf.

● 30 minutes avant la fin de la cuisson de la viande, ajouter les carottes dans la marmite; laisser reprendre l'ébullition, puis ajouter le navet et le chou. 30 min plus tard, ajouter les pommes de terre et, 10 min après, les petits oignons.

● Pour servir, égoutter la viande, la mettre au centre d'un grand plat et l'entourer de tous les légumes.

> *Choisir un vin rouge sans prétention, plutôt corsé. Un merlot ou un cabernet sauvignon chilien seraient deux solutions économiques.*

Pot-au-feu Nouvelle-Angleterre

●●●●●●●●●●●●●●●●●●●●●●●●●●

■ FÈVES au LARD de BOSTON

Pour bien réussir ces fèves, surveiller le niveau de l'eau et en rajouter au cours de la cuisson si cela est nécessaire. Ce plat est facile à réchauffer et les fèves n'en seront que meilleures!

- *trempage : 12 h,*
  + 10 min + cuisson : 10 h 30 min
- *10 personnes*

Fèves au lard et pain noir de Boston

● ●

1 kg (2 lb) de fèves blanches
100 mL (3/8 de tasse) de mélasse
30 mL (2 c. à tab.) de cassonade
10 mL (2 c. à thé) de moutarde
    sèche
15 mL (1 c. à tab.) de sel
5 mL (1 c. à thé) de poivre
1 oignon pelé
250 g (8 oz) de lard salé

● Faire tremper les fèves dans de l'eau froide pendant 12 h. Les égoutter, les mettre dans une casserole et les couvrir largement d'eau. Porter à ébullition. Écumer. Baisser le feu et laisser mijoter jusqu'à ce que la peau des fèves se fendille, soit environ 1 h 30 min. Égoutter les fèves en conservant l'eau de cuisson. Ajouter à celle-ci la mélasse, la cassonade, la moutarde, le sel et le poivre.

● Faire chauffer le four à 100 °C (200 °F). Placer l'oignon dans une cocotte d'une capacité de 2 L (9 tasses). Verser les fèves par-dessus. Entailler la couenne du lard et l'enfoncer dans les fèves, côté couenne vers le haut.

● Verser le bouillon des fèves bien assaisonné dans la cocotte et ajouter suffisamment d'eau bouillante pour que les fèves soient recouvertes de liquide. Couvrir, mettre au four et laisser cuire pendant 9 h. Ajouter de l'eau bouillante toutes les heures si cela est nécessaire.

● Retirer alors le couvercle pour que le lard puisse dorer et laisser cuire pendant encore 1 h.

Servir avec du pain noir de Boston.

■ PAIN NOIR de BOSTON

• *10 min,*
    + cuisson : 2 h 15 min + refroidissement
• *8 personnes*

250 mL (1 tasse) de farine de seigle
250 mL (1 tasse) de farine de blé
    entier
250 mL (1 tasse) de farine de maïs
2 mL (1/2 c. à thé) de bicarbonate
    de soude
5 mL (1 c. à thé) de poudre à pâte
2 mL (1/2 c. à thé) de sel
500 mL (2 tasses) de babeurre
175 mL (3/4 de tasse) de mélasse
25 g (1 oz) de beurre

● Tamiser les farines avec le bicarbonate, la poudre à pâte et le sel. Mélanger le babeurre et la mélasse et incorporer parfaitement au premier mélange à l'aide d'une spatule en bois.

● Beurrer un moule à gâteau d'une capacité de 1,25 L (5 tasses). Y verser la préparation. Recouvrir de papier ciré en ayant soin de former un pli sur le dessus pour permettre au pain de monter. Faire cuire à la vapeur pendant 2 h 15 min.

● Lorsque la cuisson est achevée, démouler le pain et le laisser refroidir. Trancher, tartiner de beurre et servir.

Vous pouvez aussi verser le mélange dans 3 boîtes de café de 450 g (1 lb) bien graissées. Les couvrir de papier ciré et les placer dans une grande marmite. Verser de l'eau bouillante au 2/3 des boîtes. Couvrir et laisser cuire environ 3 h, en ayant soin de rajouter de l'eau lorsque nécessaire.

● ●

■ HUÎTRES de MAÏS

Les colons anglais, en faisant cuire des oeufs et du maïs en grain, ont créé des beignets goûtant à s'y méprendre les huîtres frites.

- *40 min*
- *environ 24 beignets*

5 à 6 épis de maïs
2 oeufs, jaunes et blancs séparés
2 mL (1/2 c. à thé) de sel
poivre
125 mL (1/2 tasse) de farine tout usage ou de semoule de maïs
beurre ou huile de maïs pour la friture

● Détacher les grains des épis : l'on aura besoin de 400 mL (1 3/4 tasse) de grains.

● Battre les jaunes d'oeufs. Les incorporer au maïs dans un grand bol avec le sel, le poivre et la semoule de maïs ou la farine. Fouetter les blancs d'oeufs en neige et incorporer délicatement au mélange.

● Faire chauffer le beurre ou l'huile dans une grande poêle. Déposer de petits beignets de pâte dans la poêle à l'aide d'une cuillère et faire frire jusqu'à ce qu'ils soient dorés sur les deux côtés. Enlever l'excès de gras à l'aide d'un papier absorbant et servir chaud avec de la viande ou, comme dessert, avec du miel.

● ●

■ POUDING à l'INDIENNE

- *45 min*
- *6 personnes*

600 mL (2 1/2 tasses) de lait
175 mL (3/4 de tasse) de semoule de maïs
1 pincée de sel
25 mL (1 1/2 c. à tab.) de beurre
2 oeufs légèrement battus
5 mL (1 c. à thé) de cannelle
2 mL (1/2 c. à thé) de gingembre, de noix de muscade ou de toute-épice
1 pincée de macis
125 mL (1/2 tasse) de sucre
150 mL (5/8 de tasse) de raisins
crème glacée à la vanille (facultatif)

● Faire chauffer le four à 150 °C (300 °F).

Faire chauffer le lait jusqu'à ce qu'il frémisse, puis incorporer la semoule de maïs et le sel en fouettant. Baisser le feu et remuer fréquemment jusqu'à ce que le liquide épaississe légèrement.

● Incorporer le beurre, retirer du feu et laisser refroidir en couvrant la casserole d'un papier ciré pour empêcher la formation d'une peau sur le dessus du lait.

● Lorsque le mélange est à peine plus chaud que la température de la pièce, ajouter le reste des ingrédients. Goûter et rectifier l'assaisonnement.

● Verser le pouding dans une casserole de 1,25 L (5 tasses) de contenance ou dans 6 ramequins individuels et faire cuire au four 1 h 15 min ou jusqu'à ce que le pouding soit bien pris. Servir chaud avec de la crème glacée, si on le désire.

● ●

■ TARTE à la CITROUILLE

Pour les Américains, il n'y a pas de fête d'Action de grâces sans tarte à la citrouille au dessert. Si on désire utiliser de la citrouille fraîche, faire cuire 1 kg (2,2 lb) de citrouille à feu doux jusqu'à ce qu'elle soit réduite en purée et que l'eau se soit presque complètement évaporée.

- *1 h*
- *8 personnes*

2 oeufs
125 mL (1/2 tasse) de sucre
15 mL (1 c. à tab.) de mélasse ou de miel liquide
1 mL (1/4 de c. à thé) de gingembre râpé
2 mL (1/2 c. à thé) de noix de muscade
5 mL (1 c. à thé) de cannelle
1 pincée de clou de girofle moulu
2 mL (1/2 c. à thé) de sel
450 g (1 lb) de citrouille en boîte ou fraîche, cuite

350 mL (1 1/2 tasse) de lait
1 croûte de tarte de 25 cm (10 po) non cuite
250 mL (1 tasse) de crème à 35 % fouettée (facultatif)

● Faire chauffer le four à 200 °C (400 °F). Mélanger soigneusement les oeufs, le sucre, la mélasse, les épices et le sel dans un bol. Y ajouter la citrouille et le lait. Mélanger à nouveau. Verser cette préparation dans la pâte.

● Placer la tarte dans le four à mi-hauteur et la laisser cuire pendant environ 40 min. Servir chaud ou froid, avec de la crème fouettée si désiré.

Tarte à la citrouille

● ●

■ RENVERSÉ aux BLEUETS

Ce dessert ravira tous les invités. Des fruits congelés peuvent être utilisés.

- *2 h*
- *6 personnes*

**1,25 L (5 tasses) de bleuets ou de
mûres, lavés et égouttés ou
congelés**
175 mL (3/4 de tasse) de sucre
500 mL (2 tasses) de farine, tamisée
15 mL (1 c. à tab.) de poudre à pâte
1 pincée de sel
60 mL (1/4 de tasse) de beurre
175 mL (3/4 de tasse) de lait
**250 mL (1 tasse) de crème
à 15 % (facultatif)**

● Faire chauffer le four à 190 °C (375 °F).
Placer les fruits dans un plat à pouding graissé d'une capacité de 1,7 L
(7 1/2 tasses) et saupoudrer de la moitié
du sucre. Mélanger la farine, le reste du
sucre, la poudre à pâte et le sel dans un
grand bol. Incorporer le beurre au mélange
à l'aide de vos doigts ou de deux
couteaux. Ajouter juste assez de lait
pour former une pâte lisse. Verser la pâte
également sur les bleuets.

● Couvrir le plat avec un papier ciré ou
un papier d'aluminium et former un pli au
milieu pour permettre au gâteau de lever.
Faire cuire à la vapeur (placer le plat à
pouding dans une lèchefrite contenant de
l'eau) pendant 1 h 30min. Renverser le
gâteau sur un plat et servir avec de la
crème.

Renversé aux bleuets

Le MEXIQUE

Les bases de la cuisine mexicaine – maïs, piments, tomates, haricots et avocats – sont inchangées depuis des siècles. Il en était déjà ainsi avant l'arrivée des Espagnols; qui ont apporté cependant leur contribution à la gastronomie de ce pays. Les tortillas, les tacos, le guacamole, la dinde à la mode de Puebla – ou *mole poblano* – servie avec une sauce aux piments : voilà quelques-unes des délicieuses spécialités mexicaines.

Les aliments de base

Avant la conquête du Mexique par Hernán Cortés en 1521, la cuisine aztèque et maya était basée sur les produits locaux, maïs, piments avec toutes leurs variétés, tomates, avocats, haricots frais ou secs, citrouilles, papayes, ananas, chocolat, vanille... On utilisait aussi la pomme de terre, la patate douce et d'autres tubercules, ainsi que la cacahuète et le manioc, légumes encore inconnus dans l'Ancien Monde à cette époque. Une cuisine riche et variée s'était donc déjà développée au Mexique avant l'arrivée des conquistadores.

L'apport des conquérants espagnols

Dans les marchés, les nouveaux arrivants découvrirent des fruits et des légumes étranges, des poissons, des coquillages, des cailles, des dindes et même du gibier. On vendait des plats préparés dans de grandes marmites en terre, à base de piments, de graines de citrouille, de tomates et peut-être de crevettes, de poisson ou de volaille. Seuls quelques ingrédients, comme l'ail, l'oignon, le cresson,

Des pêcheurs sur le lac Pátzcuaro

des fruits comme les fraises ou le citron, étaient communs aux deux mondes.

Aussitôt, les Espagnols introduisirent leurs propres cultures : blé, riz, vignes, oliviers. Ils plantèrent abricotiers, pêchers, orangers et apportèrent leurs aromates : clous de girofle, cannelle, noix de muscade. Plus importante fut l'introduction du bétail : moutons, chèvres, porcs et le boeuf, qui apporta au Mexique non seulement la viande, mais le lait et le beurre. Les Mexicains accueillirent bien ces aliments nouveaux et les incorporèrent à leurs recettes.

La *masa harina* est la farine spéciale utilisée pour la fabrication des tortillas, pains de maïs non levés qui ressemblent à des crêpes. C'est une farine de maïs qui a macéré et bouilli dans du jus de lime, frite et moulue plus fin que la farine de maïs ordinaire. On la trouve dans les magasins spécialisés. Elle est vendue sèche et emballée, ou en pâte fraîche. On peut aussi acheter des tortillas toutes faites dans les boulangeries spécialisées ou sur les marchés. Les magasins d'alimentation en vendent parfois en boîte.

Coutumes alimentaires

Les habitudes mexicaines concernant les repas ne sont pas tellement différentes des nôtres, mais le repas principal, la *comida*, habituellement prévu à midi, a souvent lieu à 14 h, et parfois plus tard. Ce peut être un repas très copieux lors des grandes occasions. Après les amuse-gueule accompagnés de boissons, le repas commence avec la soupe suivie d'un plat de riz, de pâtes ou de tortillas appelé *sopa seca*, c'est-à-dire soupe «sèche»; viennent parfois ensuite un plat de poisson ou de piments doux farcis, appelé *entrada*, l'entrée, puis le plat de résistance, par exemple du *mole poblano* (dinde à la sauce pimentée), ou un autre plat de viande ou de volaille. Après ou

avec ce plat sont servis des haricots rouges, les *frijoles*, puis le dessert et enfin le café.

Les ingrédients exotiques

Les piments mexicains suivants peuvent se trouver dans des magasins spécialisés et sur certains marchés :

Ancho. C'est peut-être celui qui est le plus utilisé au Mexique. C'est un piment séché, très doux, à l'aspect ridé, de couleur brun-rouge sombre. Il mesure environ 15,5 cm (5 po) de long et 7,5 cm (3 po) de large.

Jalepeño. C'est un piment vert foncé, fort ou même très fort. Il est vendu frais ou en boîte et mesure environ 6,5 cm (2 1/2 po) de long et 2 cm (3/4 de po) de large. On peut le remplacer par n'importe quel gros piment de chili, frais et fort.

Mulato. C'est un piment séché, assez semblable au piment ancho, mais plus sucré.

Pasilla. Piment séché, long et mince. Il est noir brunâtre et possède un fort parfum poivré.

Serrano. C'est un petit piment vert de 4 cm (1 1/2 po) de long, vendu frais ou en boîte. Il est très fort, ses graines et ses filaments sont particulièrement brûlants. N'importe quel piment de chili vert, fort et frais, peut le remplacer.

Vous pouvez remplacer chaque piment ancho, mulato ou pasilla par 5 mL (1 c. à thé) de paprika, plus 2 mL (1/2 c. à thé) de poivre de Cayenne.

Masa harina. C'est une farine faite de maïs trempé puis bouilli dans du jus de lime, frite puis moulue plus finement que la farine de maïs ordinaire. Cette farine est vendue dans les épiceries spécialisées et on l'utilise pour la préparation des tortillas.

Vermicelles. Ce sont des pâtes longues de la famille des spaghetti, vendues en paquets ou roulées en nids. ■

■ TORTILLAS

• *1 h 10 min*
• *18 tortillas de 10 cm (4 po) de diamètre*

275 g (10 oz) de masa harina
5 mL (1 c. à thé) de sel (facultatif)

● Mélanger la masa harina et le sel dans un grand bol. Ajouter 200 mL (1 tasse) d'eau tiède en tournant pour former une pâte lisse qui doit être homogène sans être trop humide ni trop collante. Si elle n'est pas assez homogène, ajouter un peu d'eau. Si elle est humide et collante, ajouter un peu de masa harina et pétrir avec les doigts.

● Pour former les tortillas, diviser la pâte en boulettes de la taille d'un petit oeuf. Placer cette pâte entre deux feuilles de papier ciré et la rouler soigneusement pour obtenir un disque plat de 10 cm (4 po) de diamètre environ. Conserver les tortillas entre ces feuilles de papier.

● Faire chauffer une poêle à crêpe ou une poêle à fond épais à feu doux. Retirer délicatement le papier qui recouvre le disque de pâte et poser celui-ci sur la tôle ou dans la poêle. Quand le bord de la crêpe commence à friser, au bout d'une minute à peu près, la retourner avec une spatule ou avec les doigts. La crêpe doit être tachée de brun. Le premier côté cuit peut être légèrement gonflé.

● Emballer la tortilla dans une serviette épaisse pour la garder bien au chaud, puis superposer les tortillas au fur et à mesure qu'elles sont cuites en les recouvrant avec soin. Elles doivent rester chaudes et souples et être présentées à table couvertes. Pour les réchauffer, les emballer dans du papier ciré et les recouvrir d'une serviette. Les placer dans le four chauffé 140 °C (275 °F) et les laisser environ 15 min. On peut aussi les conserver au chaud, emballées de cette manière, en faisant chauffer le four à la température la plus douce.

Les tacos sont des tortillas pliées en deux avec une farce à l'intérieur. Ils sont réchauffés ou frits au saindoux ou à l'huile. La farce la plus courante est le poulet ou le porc en fines languettes, ou encore le boeuf haché. On peut recouvrir cette farce de sauce tomate, comme la salsa cruda, sauce tomate mexicaine crue, ou de piments forts, serano, jalepeño, et de lanières de feuilles de laitue, de parmesan, de fèves et de guacamole, etc. Les restes de mole poblano, dinde aux piments, font aussi une farce parfaite.

Vous pouvez remplacer la masa harina par de la farine de maïs jaune et un même volume de farine blanche ordinaire en poids égal, mais les tortillas ne se pas aussi bien.

■ VIVANEAU à la MODE de VERACRUZ

Voici la recette la plus populaire de Mexico, où l'on trouve le vivaneau en abondance.
Vous pouvez le remplacer par de la dorade ou un autre poisson à chair ferme non huileux.

- *cuisson des pommes de terre*
- *+ 30 min*
- *6 personnes*

6 filets de vivaneau ou de poisson
    similaire, pour un total d'environ
    1 kg (2,2 lb)
farine
sel et poivre
100 mL (3/8 de tasse) d'huile
    d'olive
1 oignon émincé
1 gousse d'ail émincée
4 - 5 tomates blanchies, pelées,
    hachées ou 396 mL (14 oz) de

tomates en conserve égouttées et
    réduites en purée
45 mL (3 c. à tab.) de câpres
1 bonne pincée de cannelle
1 bonne pincée de clou de girofle
3 piments jalepeño ou autres
    piments forts, épépinés et coupés
    en lamelles, ou 15 mL
    (1 c. à tab.) de poudre de chili
5 mL (1 c. à thé) de poivre de
    Cayenne
30 mL (2 c. à tab.) de jus de citron
    ou de lime
2 mL (1/2 c. à thé) de sucre
12 petites pommes de terre

Vivaneau à la mode de Veracruz

nouvelles ou 4 pommes de terre
moyennes épluchées, coupées
en deux et cuites
20 olives farcies au piment, rincées
15 mL (1 c. à tab.) de beurre
3 tranches de pain blanc, coupées
en triangles

● Éponger les filets et les fariner; les
assaisonner de sel et de poivre. Secouer
l'excédent. Faire chauffer la moitié de
l'huile d'olive à feu moyen dans une poêle
et y faire sauter les filets 5 min, jusqu'à ce
qu'ils soient dorés des deux côtés. Les
transférer dans une assiette et garder au
chaud.

● Ajouter le reste de l'huile dans la poêle
et faire sauter l'oignon et l'ail jusqu'à ce
que l'oignon soit transparent. Ajouter les
tomates, les câpres, la cannelle, le clou de
girofle et les piments et faire mijoter 5 min
pour amalgamer les saveurs.

● Ajouter le jus de citron ou de lime,
le sucre, le sel et du poivre au goût puis
faire mijoter 2 min. Ajouter le poisson,
les pommes de terre et les olives et faire
chauffer. Retirer le mélange du feu et
garder au chaud.

● Entre-temps, faire chauffer le beurre à
feu moyen et faire revenir les triangles de
pain jusqu'à ce qu'ils soient dorés des
deux côtés. Les égoutter sur du papier
absorbant.

● Placer les filets de vivaneau sur un plat
de service chaud, les entourer des pommes
de terre et les napper de sauce. Placer les
triangles de pain autour de l'assiette et
servir.

> *Servir avec un vin blanc ou rosé frais
> et léger. Un Tavel français ou chilien,
> plus abordable, serait tout indiqué.*

■ TORTILLAS à la CRÈME et au FROMAGE

- *40 min*
- *6 à 8 personnes*

100 mL (3/8 de tasse) d'huile ou de
saindoux
1 gousse d'ail écrasée
1 oignon haché
4 - 5 tomates blanchies, pelées,
épépinées et hachées
2 mL (1/2 c. à thé) d'origan
18 tortillas fraîches coupées en
lanières de 1,5 cm (1/2 po)
sel et poivre
250 mL (1 tasse) de crème à 35 %
75 - 175 mL (1/3 à 3/4 de tasse)
de parmesan

■ POUR LE PLAT
15 mL (1 c. à tab.) d'huile

● Faire chauffer le four à 190 °C (375 °F).
Faire chauffer 30 mL (2 c. à tab.) d'huile ou
de saindoux dans une poêle à feu doux et y
faire revenir l'ail et l'oignon jusqu'à ce que
celui-ci soit tendre. Ajouter les tomates dans
la poêle avec l'origan. Mélanger et laisser
cuire jusqu'à ce que les ingrédients soient
fondus. Verser cette sauce dans un bol.

● Essuyer la poêle. Faire chauffer à feu
doux le reste de l'huile ou de saindoux.
Y faire frire les tortillas. Les retourner avant
qu'elles ne brunissent. Égoutter sur du
papier absorbant.

● Huiler un plat allant au four de 1 L
(4 1/2 tasses).

● Verser la moitié de la sauce tomate dans
le plat. Recouvrir de tortillas, de crème, puis
du reste de la sauce. Parsemer le plat de
parmesan. Glisser au four et laisser cuire
environ 20 min. Servir chaud.

■ SOUPE au VERMICELLE et à la TOMATE

• *25 min*
• *6 à 8 personnes*

30 mL (2 c. à tab.) d'huile d'olive
50 g (2 oz) de vermicelle
1 gousse d'ail émincée
1 oignon émincé
4 - 5 tomates blanchies, pelées,
  épépinées et hachées
2 L (8 1/2 tasses) de bouillon de
  boeuf
sel et poivre
60 mL (1/4 de tasse) de sherry sec
15 mL (1 c. à tab.) de coriandre
  fraîche ou de persil
parmesan râpé

● Faire chauffer l'huile à feu moyen dans une poêle et faire sauter le vermicelle jusqu'à ce qu'il soit doré. L'égoutter puis réserver.
● Réduire l'ail, l'oignon et les tomates en purée au mélangeur ou au robot. Faire cuire la purée 5 min dans le reste de l'huile, en remuant constamment et en rajoutant un peu plus d'huile si nécessaire.
● Placer le vermicelle, la purée de tomates et le bouillon dans une grande casserole. Saler, poivrer, couvrir et faire mijoter jusqu'à ce que le vermicelle soit tendre. Incorporer le sherry.
● Verser la soupe dans une soupière très chaude et garnir de coriandre ou de persil. Servir le parmesan séparément.

■ RIZ à la MEXICAINE

• *1 h 30 min*
• *6 à 8 personnes*

350 mL (1 1/2 tasse) de riz à grain
  long
2 gousses d'ail émincées
1 gros oignon émincé
542 mL (19 oz) de tomates en
  conserve, égouttées, épépinées et
  hachées
60 mL (1/4 de tasse) d'huile d'olive
1 L (4 1/2 tasses) de bouillon de
  volaille
75 mL (1/3 de tasse) de pois verts
  congelés ou en conserve
4 à 6 piments de chili forts, ou
  15 mL (1 c. à tab.) de paprika
10 mL (2 c. à thé) de poivre de
  Cayenne
1 gros avocat (facultatif)
brins de coriandre fraîche

● Verser le riz dans une casserole, le couvrir d'eau chaude, le laisser tremper 15 min sans couvercle.
● Égoutter le riz dans un tamis et le rincer à l'eau froide. L'égoutter à nouveau, l'étaler sur un plateau et le laisser sécher. Compter environ 30 min.
● Au mélangeur ou au robot, réduire en purée l'oignon, l'ail et les tomates. Mettre de côté.
● Chauffer l'huile à feu moyen dans une poêle et faire revenir le riz jusqu'à ce qu'il sort doré.
● Mettre le riz dans une casserole. Ajouter la purée d'oignon et de tomates, le bouillon, du sel et du poivre. Amener à ébullition, baisser le feu et cuire 20 min ou jusqu'à ce que le liquide soit presque tout absorbé.
● Ajouter les pois et cuire en remuant occasionnellement 5 min de plus. Garnir de coriandre et de tranches d'avocat.

■ GUACAMOLE

Le guacamole peut être servi en sauce, en salade ou en trempette. Le préparer à la dernière minute, car, comme il n'y a pas de jus de citron dans cette recette traditionnelle, l'avocat risque de noircir.

- *15 min*
- *environ 425 mL (1 3/4 tasse) de purée*

2 gros avocats bien mûrs
1 tomate pelée et hachée
1 petit oignon blanc émincé
2 piments serrano ou plus, hachés,
   ou des piments verts forts,
   épépinés et hachés
30 mL (2 c. à tab.) de feuilles de
coriandre hachées
sel
tranche de citron pour garnir

● Couper les avocats en deux. Retirer les noyaux puis la chair et réduire celle-ci en purée dans un bol.

● Ajouter le reste des ingrédients et bien remuer; servir aussitôt. Le bol peut être couvert et réfrigéré, mais pour une période de temps très courte.

Guacamole

■ DINDE à la MODE de PUEBLA

Ce plat, applé mole poblano, réservé aux grands jours, est originaire de l'État de Puebla. Le chocolat ajouté à la sauce peut paraître un choix étrange... C'est pourtant une tradition très ancienne.

- *2 h 30 min*
- *10 personnes*

120 mL (8 c. à tab.) de saindoux
1 dinde de 3,6 kg (8 lb) coupée en morceaux
2 gousses d'ail hachées
1 oignon haché
sel

■ SAUCE
6 piments ancho épépinés et hachés
6 piments mulato épépinés et hachés
4 piments pasilla épépinés et hachés
175 mL (3/4 de tasse) d'amandes mondées
75 mL (1/3 de tasse) de cacahuètes grillées

Dinde à la mode de Puebla

**60 mL (4 c. à tab.) de graines de
sésame**
**2 mL (1/2 c. à thé) de graines de
coriandre**
**1 mL (1/4 de c. à thé) de graines
d'anis**
2 clous de girofle
**1 bâton de cannelle de 1,5 cm
(1/2 po) ou 5 mL (1 c. à thé) de
cannelle moulue**
2 gousses d'ail hachées
2 oignons hachés
**4 - 5 tomates blanchies, pelées,
épépinées et hachées ou
396 mL (14 oz) de tomates
en conserve, égouttées,
épépinées et hachées**
**125 mL (1/2 tasse) de raisins secs,
rincés**
**2 tortillas ou 2 tranches de pain
grillé, coupées en petits
morceaux**
**40 g (1 1/2 oz) de chocolat non
sucré**
15 mL (1 c. à tab.) de sucre

● Faire chauffer 30 mL (2 c. à tab.) de
saindoux dans une poêle à fond épais.
Ajouter les morceaux de dinde par petites
quantités et les faire dorer de toutes parts.
● Égoutter les morceaux de dinde et les
mettre dans une grande cocotte. Ajouter
l'ail, l'oignon, du sel et assez d'eau pour
recouvrir le tout. Porter à ébullition,
réduire le feu et laisser mijoter environ 1 h.
● Préparer la sauce : placer les piments
dans un bol et les couvrir avec 500 mL
(2 tasses) d'eau chaude. Les laisser
tremper environ 30 min en remuant de
temps en temps.
● Pendant ce temps, passer au mélangeur
ou au robot les amandes, les cacahuètes, la

moitié des graines de sésame, la coriandre,
l'anis, les clous de girofle et la cannelle
émiettée. Mettre le tout dans un bol.
● Passer au mélangeur ou au robot les
piments et leur eau de trempage, l'ail,
les oignons, les tomates, les raisins, les
tortillas ou le pain pour obtenir une pâte
épaisse. Verser cette pâte dans un bol et y
incorporer le mélange de noix et d'épices.
Bien mélanger.
● Après 1 h de cuisson de la dinde,
l'égoutter. Filtrer le bouillon de cuisson.
Laver la cocotte et l'essuyer.
● Mesurer le saindoux resté dans la poêle
et en ajouter si cela est nécessaire pour en
avoir 60 mL (4 c. à tab.). Le faire chauffer
à feu moyen, y ajouter la pâte et la faire
revenir en remuant pendant 5 min. Verser
ce mélange dans la cocotte, y ajouter
400 mL (1 3/4 tasse) de bouillon de
dinde. Casser le chocolat en morceaux
et ajouter ceux-ci dans la cocotte. Saler
et laisser mijoter à feu doux, en remuant
jusqu'à ce que le chocolat soit fondu et que
la sauce ait la consistance d'une crème
épaisse. Ajouter un peu de bouillon de
dinde si nécessaire et le sucre si désiré.
● Vérifier l'assaisonnement. Remettre
les morceaux de dinde dans la cocotte et
laisser mijoter à couvert et à feu doux
pendant 30 min.
● Au moment de servir, faire griller le
reste des graines de sésame dans une
petite poêle. Disposer les morceaux de
dinde dans un plat et les arroser de sauce.
Parsemer la dinde de graines de sésame
et servir chaud, avec du riz, des fèves,
du guacamole et des tortillas.

À défaut de piments forts, utiliser 2 piments
doux verts ou rouges hachés + 5 - 10 mL
(1 - 2 c. à thé) de poivre de Cayenne.

■ HARICOTS FRITS

- *1 h 30 min à 3 h, selon la fraîcheur des haricots*
- *6 à 8 personnes*

350 mL (1 1/2 tasse) de haricots rouges ou de haricots pintos
2 oignons émincés
2 gousses d'ail hachées
5 mL (1 c. à thé) de flocons de piments rouges forts
1 feuille de laurier
saindoux, lard ou huile
sel
2 tomates blanchies, pelées et hachées
30 mL (2 c. à tab.) de parmesan râpé (facultatif)
triangles de tortillas frits (facultatif)

● Laver et trier les haricots mais ne pas les faire tremper. Les placer dans une grande casserole et les couvrir d'eau plus environ 2,5 cm (1 po). Ajouter la moitié de l'oignon et de l'ail, les piments et la feuille de laurier. Couvrir, amener à ébullition puis faire mijoter à feu doux, en ajoutant de l'eau chaude si nécessaire durant la cuisson.

● Lorsque les haricots commencent à rider, après 15 ou 20 min de cuisson, ajouter 15 mL (1 c. à tab.) de saindoux ou d'huile et laisser la cuisson se poursuivre pendant 1 h 30 min à 2 h, jusqu'à ce que les haricots soient tendres. Ajouter du sel et

faire mijoter 30 min de plus, sans ajouter d'eau. Il ne devrait pas rester beaucoup de liquide à la fin de la cuisson.

● Faire chauffer 15 mL (1 c. à tab.) de saindoux ou d'huile à feu moyen dans une poêle et faire sauter le reste de l'oignon et de l'ail, jusqu'à ce que l'oignon soit transparent.

● Ajouter les tomates à la poêle et faire cuire jusqu'à ce que le mélange soit épais et homogène. Ajouter une pleine louche de haricots avec leur sauce et faire chauffer, en remuant et en écrasant le mélange, jusqu'à ce que le tout soit réduit en purée épaisse. Les haricots peuvent être mangés complets si l'on le désire : incorporer le mélange aux haricots dans la casserole et servir.

● Pour servir les haricots *refritos*, ajouter peu à peu tous les haricots et leur liquide, en ajoutant 15 mL (1 c. à tab.) de saindoux ou d'huile de temps en temps, et écraser le mélange jusqu'à ce que le tout soit réduit en purée épaisse. Ajouter l'huile ou le saindoux à votre goût. Vous pouvez servir cette pâte en rouleau, saupoudrée de parmesan et piquée de triangles de tortillas frits dans l'huile.

L'ÉQUATEUR,
la BOLIVIE et le PÉROU

L'Équateur, la Bolivie et le Pérou sont trois États voisins d'Amérique du Sud situés en haute altitude sur la cordillère des Andes. Tous trois faisaient autrefois partie de l'empire des Incas; ils furent conquis ensuite par les Espagnols, puis devinrent indépendants. Mais ils ont gardé plus ou moins les mêmes traditions culinaires, où les ingrédients de l'Ancien et du Nouveau Monde se complètent.

L'altitude joue un rôle très important dans la gastronomie de cette région monta-gneuse d'Amérique du Sud. Quito, la capitale de l'Équateur, est située à 2850 m au-dessus du niveau de la mer et La Paz, capitale de la Bolivie, est l'une des plus hautes capitales du monde, à 3645 m. Cuzco, l'ancienne capitale inca du Pérou, est située à 3600 m, alors que Lima, la capitale moderne, située sur la côte, est au niveau de la mer.

À une telle altitude, l'eau bout à une température plus basse qu'au niveau de la mer, aussi la nourriture est-elle plus longue

Un marché rural en Équateur

à cuire. La viande et la volaille doivent mijoter doucement et longuement pour être tendres : les recettes de ragoûts sont donc nombreuses. Les légumes, eux aussi, sont longs à cuire; on les sert toujours un peu croquants.

La région centrale de l'Équateur est située à plus de 3000 m au-dessus du niveau de la mer. À cette altitude, les différences de température provenant de l'exposition au soleil sont extrêmement importantes. En haute altitude, les aliments cuits à l'eau bouillante ne sont jamais aussi chauds que ceux cuits à basse altitude, et ils refroidissent rapidement entre la cuisine et la table. Les habitants de ces régions ont résolu le problème en servant la nourriture à la température ambiante...

Un des plats les plus spectaculaires de l'Équateur est un énorme plateau de légumes variés en cercles. Ce sont des pois, des haricots, des coeurs d'artichauts, des asperges, des bouquets de chou-fleur, des épis de maïs, des morceaux de pomme de terre, des tranches de courgette, de carotte et de betterave, et parfois d'avocat entourant des tomates fraîches. Ce plateau accompagne viandes ou volailles. Les légumes sont assaisonnés de vinaigrette ou seulement salés au moment de la cuisson. C'est un plat fort agréable l'été, par temps chaud.

Le Pérou est le pays d'origine de la pomme de terre, qui fut d'abord cultivée par les Incas. Parmi les nombreuses variétés qu'ils cultivaient, celle à chair jaune reste la plus appréciée; on la mélange à d'autres ingrédients pour former un plat unique. La pomme de terre blanche ordinaire est aussi très bonne, même si son aspect n'est pas le même. Les Incas développèrent aussi de nouvelles espèces de maïs et de piments.

Au Pérou, les cultures des régions tropicales comme celles des régions tempérées sont florissantes. Il y a une grande abondance de fruits et de légumes. Les fermiers viennent vendre leurs produits sur les marchés. À longueur d'année, ils apportent en ville une explosion de couleurs avec leurs étalages de piments rouges, jaunes ou verts, de maïs, de tomates, d'avocats, d'ananas, de bananes... et même de pommes, de poires, de pêches ou d'abricots.

On pêche aussi dans ce pays de magnifiques poissons de mer et des crustacés. Cela parce que le Humboldt, courant marin froid, longe la côte du Pacifique, créant une riche végétation sous-marine. L'Équateur possède aussi d'excellents fruits de mer. Dans ces deux États, on prépare le fameux *seviche*, poisson cru mariné dans du jus de lime ou de citron et accompagné de morceaux de patate douce. Le plus étonnant est l'emploi du jus d'orange amère, qui donne une saveur tout à fait spéciale à cette marinade.

Une habitude commune à ces trois pays est l'usage du piment. Il en existe une très grande variété, plus ou moins forts. On ne les appelle pas *chiles* comme en Espagne mais *aji* (prononcer ahi), d'après un mot indien. La quantité de piments utilisés pour préparer un plat est variable et dépend de chacun. Mais il y a toujours une sauce aux piments frais sur la table.

Les temps de cuisson donnés dans les recettes suivantes ont été adaptés à la cuisine en basse altitude. ■

■ COMPOTE PÉRUVIENNE

- *20 min + cuisson : 25 min*
- *réfrigération : 2 h*
- *6 à 8 personnes*

**250 mL (1 tasse) d'abricots secs
coupés en deux**
**250 mL (1 tasse) de pêches, de
pommes ou de figues coupées en
quatre, séchées**
**1/2 petit ananas ou 275 g (10 oz)
d'ananas en boîte égoutté,
coupé en dés**
**2 poires mûres et fermes, pelées et
tranchées**
2 pêches, pelées et tranchées
**500 mL (2 tasses) de cerises
dénoyautées**
250 mL (1 tasse) de sucre
4 clous de girofle
**1 morceau de cannelle de 5 cm
(2 po) ou 7 mL (1 1/2 c. à thé) de
cannelle moulue**

**350 mL (1 1/2 tasse) de bleuets ou
de mûres frais ou congelés**
60 mL (4 c. à tab.) de fécule de maïs
60 mL (4 c. à tab.) de jus de citron
cannelle en poudre

● Mettre le sucre, les clous de girofle, la cannelle, les abricots secs et les pêches séchées dans une casserole. Recouvrir avec 1 L (4 1/2 tasses) d'eau, faire chauffer à feu doux et laisser frémir doucement pendant 5 min. Ajouter alors l'ananas, les poires, les pêches, les cerises et les bleuets. Laisser cuire à feu très doux pendant 10 min.
● Délayer la fécule avec 60 mL (1/4 de tasse) d'eau froide et incorporer le mélange à la compote de fruits. Faire cuire jusqu'à ce que le liquide épaississe, ajouter le jus de citron. Retirer du feu, laisser refroidir et laisser 2 h au réfrigérateur. Pour servir, saupoudrer de cannelle.

■ POMMES de TERRE au POISSON aux LÉGUMES

- *1 h 30 min*
- *6 personnes*

100 mL (3/8 de tasse) de jus de citron
1 bonne pincée de poivre de Cayenne
1,5 kg (3 1/4 lb) de pommes de terre, pelées et coupées en deux
450 g (1 lb) de patates douces ou de panais pelés et tranchés

450 g (1 lb) de racine de manioc ou de topinambour pelés et tranchés (facultatif)
3 bananes vertes (plantains) (facultatif)
2 épis de maïs
400 mL (1 3/4 tasse) d'huile d'olive
1 kg (2 lb) de filets de poisson à chair blanche coupés en morceaux de 5 cm (2 po)

Pommes de terre au poisson aux légumes

sel et poivre
3 oignons
farine assaisonnée de sel et de
poivre
3 gros piments de chili frais rouges
ou verts ou 15 mL (1 c. à tab.) de
paprika + 5 mL (1 c. à thé) de
poivre de Cayenne + 1 piment
doux haché
100 mL (3/8 de tasse) de vinaigre
blanc

■ POUR SERVIR
quelques feuilles de laitue
250 g (8 oz) de mozzarella ou de
provolone coupés en 6 pointes
6 olives noires

● Hacher 1 oignon. Le mélanger dans un petit bol avec le jus de citron, le poivre de Cayenne, du sel et du poivre. Faire bouillir 2 grandes casseroles d'eau salée. Faire cuire les pommes de terre environ 20 min dans une casserole d'eau bouillante. Plonger les patates douces et le manioc dans une seconde casserole d'eau bouillante et laisser cuire également 20 min environ.

● Déposer les bananes vertes non pelées mais coupées en deux dans le sens de la longueur dans une casserole. Les couvrir d'eau bouillante et laisser cuire environ 15 min. Plonger les épis de maïs dans une casserole d'eau bouillante salée et les laisser bouillir 5 min.

● Lorsque les pommes de terre sont cuites, les égoutter et les réduire en purée. Ajouter 250 mL (1 tasse) d'huile d'olive au mélange d'oignon et de citron. Verser sur

les pommes de terre chaudes et mélanger soigneusement. Disposer la purée de pommes de terre au centre d'un grand plat rond de service chaud.

● Égoutter les patates douces et le manioc. Égoutter les bananes, les peler et les couper en rondelles. Garder le tout au chaud. Égoutter le maïs, couper chaque épi en 3 tronçons; les ajouter aux légumes.

● Couper les filets de poisson en morceaux de 5 cm (2 po) environ. Passer les morceaux de poisson dans la farine assaisonnée. Faire chauffer 60 mL (1/4 de tasse) d'huile à feu doux dans une poêle et faire dorer les morceaux de poisson environ 3 ou 4 min. Les égoutter sur du papier absorbant et les garder au chaud.

● Épépiner et couper les piments dans le sens de la longueur en lanières de 3 mm (1/8 de po) de large. Éplucher 3 oignons et les couper en fines rondelles. Plonger les lanières de piment et les rondelles d'oignon dans une casserole d'eau bouillante. Les laisser blanchir 2 min, puis les égoutter.

● Verser les lanières de piment et les rondelles d'oignon dans la poêle et y ajouter le reste de l'huile d'olive et le vinaigre. Saler, poivrer et porter à ébullition à feu doux. Couvrir et laiser cuire pendant 2 min.

● Pour servir, laver et éponger les feuilles de laitue; en garnir le plat. Disposer le poisson, le maïs, les patates douces, le manioc, les bananes sur les feuilles de laitue, autour des pommes de terre en purée. Les arroser de sauce au piment et à l'oignon. Disposer le fromage sur le plat et garnir d'olives noires.

■ CANARD et RIZ à la BIÈRE

La saveur riche et prononcée du canard se marie aux fines épices et à la bière pour former un plat délectable.

- *1 h 30 min*
- *6 personnes*

1 canard de 2 à 2,5 kg (4 1/2 à 5 1/2 lb) coupé en 6 portions
huile
2 oignons émincés
3 piments forts frais, rouges ou verts, épépinés et hachés fin ou 10 mL (2 c. à thé) de paprika
5 mL (1 c. à thé) de poivre de Cayenne

4 gousses d'ail émincées
250 mL (1 tasse) de coriandre ou de persil frais, haché
5 mL (1 c. à thé) de cumin en poudre
1 L (4 1/2 tasses) de bouillon de poulet
500 mL (2 tasses) de riz à grain long
500 mL (2 tasses) de bière
250 mL (1 tasse) de pois décongelés

Canard et riz à la bière

● Piquer les parties grasses du canard et enduire le fond d'une grande poêle d'huile.

● Faire sauter les morceaux de canard de 10 à 15 min à feu moyen dans la poêle, jusqu'à ce qu'ils soient bien brunis. Faire brunir les morceaux quelques-uns à la fois, pour ne pas qu'ils soient trop tassés dans la poêle. Placer les morceaux côte à côte dans le fond d'une grande casserole.

● Jeter tout le gras de la poêle, en ne gardant que 45 mL (3 c. à tab.). Faire sauter les oignons, les piments et l'ail dans le gras jusqu'à ce que l'oignon soit tendre.

● Ajouter le mélange d'oignons à la casserole avec 15 mL (1 c. à tab.) de coriandre, le cumin, du sel et du poivre. Ajouter juste assez de bouillon de poulet pour couvrir la volaille.

● Couvrir la casserole, amener à ébullition puis faire mijoter 45 min, jusqu'à ce que le canard soit tendre. Transférer les morceaux dans un plat de service chaud, couvrir de papier aluminium et garder au chaud pendant la préparation du riz.

● Retirer le liquide de la casserole et le mesurer. Ajouter le riz à la casserole avec 500 mL (2 tasses) de liquide mesuré, la bière et le reste de la coriandre. Amener le liquide à ébullition, baisser le feu, couvrir et faire cuire 15 min.

● Incorporer les pois, couvrir et faire cuire 5 min de plus, jusqu'à ce que le riz soit tendre et qu'il ait absorbé tout le liquide.

● Placer les morceaux de canard sur le riz, couvrir et faire cuire quelques minutes pour réchauffer la volaille. Servir directement de la casserole ou servir le riz sur un plat de service, couronné des morceaux de canard.

■ SALADE de GOURGANES

Utiliser de jeunes gourganes bien fraîches pour préparer cette salade. Hors saison, utiliser des gourganes en boîte rincées et égouttées ou des fèves de lima congelées.

- *25 min*
- *6 personnes*

1 kg (2 lb) de gourganes décortiquées ou 700 mL (3 tasses) de fèves en boîte, égouttées
45 mL (3 c. à tab.) de beurre fondu sel et poivre
25 mL (1 1/2 c. à tab.) de vinaigre ou de jus de citron

● Si l'on utilise des fèves fraîches ou congelées, les placer dans une casserole, les couvrir d'eau et amener à ébullition. Baisser le feu et faire mijoter 15 min, jusqu'à ce qu'elles soient tendres. Les égoutter et les laisser refroidir légèrement. Si l'on utilise des fèves en boîte, les rincer puis bien les égoutter.

● Placer les gourganes dans une petite casserole avec le beurre fondu. Assaisonner de sel et de poivre et faire chauffer 1 min à feu doux, en remuant, jusqu'à ce que les gourganes soient bien enrobées de beurre.

● Retirer la casserole du feu. Verser le vinaigre ou le jus de citron sur les gourganes et remuer délicatement. Servir à la température de la pièce, avec de la viande ou de la volaille.

■ GRATIN de POULET au MAÏS

- *45 min + cuisson : 2 h*
- *6 personnes*

1 poulet de 1,5 kg (3 1/4 lb) coupé en 6
500 mL (2 tasses) de bouillon de volaille ou d'eau
3 ou 4 brins de coriandre fraîche ou de persil
2 oeufs durs, hachés
2 oignons moyens hachés
45 mL (3 c. à tab.) d'huile d'olive
5 - 6 tomates hachées
75 mL (1/3 de tasse) de raisins secs
18 olives vertes farcies de piment rouge
1 ou 2 pincées de cannelle
1 kg (2 lb) de maïs en grains congelés
125 g (4 oz) de beurre
15 mL (1 c. à tab.) de sucre
10 mL (2 c. à thé) de sel
4 oeufs
30 mL (2 c. à tab.) de paprika

● Mettre le poulet dans une cocotte avec le bouillon de volaille et la coriandre. Faire chauffer le bouillon jusqu'à ce qu'il frémisse, couvrir et laisser mijoter pendant environ 45 min.

● Quand le poulet est cuit, le sortir du bouillon. Le désosser et le couper petits morceaux.

● Faire chauffer l'huile à feu doux dans une poêle et y faire cuire les oignons jusqu'à ce qu'ils soient tendres mais non dorés. Ajouter les tomates, laisser cuire 5 min. Saler. Ajouter les oeufs durs ainsi que les raisins, les olives coupées en deux, la cannelle et les morceaux de poulet. Remuer délicatement le poulet dans ce mélange.

● Beurrer un plat à gratin de 2 L (9 tasses). Y verser le contenu de la poêle.

● Faire chauffer le four à 180 °C (350 °F). Réduire les grains de maïs en purée à l'aide d'un mélangeur ou d'un robot. Faire fondre le beurre dans une casserole. Y ajouter la purée de maïs, le sucre et le sel. Incorporer les 4 oeufs un à un au mélange, en tournant jusqu'à ce que la purée épaississe. La laisser légèrement refroidir.

● Recouvrir le contenu du plat avec la purée de maïs. Parsemer de paprika et glisser au four. Laisser cuire pendant 1 h, jusqu'à ce que le dessus du plat soit pris et légèrement doré. Servir chaud.

Le VENEZUELA et la COLOMBIE

Sous la domination espagnole, le Venezuela et la Colombie composaient, avec l'Équateur, la Nouvelle-Grenade. Ce n'est qu'au XIXe siècle que ces pays acquirent, avec l'autonomie, leur indépendance. Cette histoire commune explique les similitudes de leur cuisine. Pourtant, leurs particularités géographiques leur confèrent quelque originalité.

Un marché de fruits au Venezuela

Le Venezuela est bordé par la mer des Caraïbes; la Colombie possède deux façades côtières, l'une sur la mer des Caraïbes, l'autre sur le Pacifique. Tous deux profitent donc d'un grand choix de poissons et fruits de mer. Ces deux pays sont également très montagneux: d'immenses chaînes de montagnes s'élèvent le long de la côte et donnent sur de hauts plateaux. Le climat variant selon l'altitude, toutes sortes de cultures prospèrent, des tropicales aux tempérées. Autrefois, les communications entre les régions côtières et les plus hauts plateaux étaient difficiles. Ce que produisait une région ne pouvait parvenir jusqu'à l'autre; cela explique que la cuisine des côtes et celle des plateaux se soient développées séparément. Aujourd'hui, l'amélioration du réseau routier nivelle les particularités régionales.

La Colombie

Le marché de Bogotá, la capitale de la Colombie, est situé à 2200 mètres d'altitude. C'est le lieu de rencontre de produits venant des zones tempérées et tropicales. On y trouve des bananes, des plantains, des ananas, des papayes, des noix de coco et des goyaves à côté d'abricots, de pêches, de poires, de prunes et de raisins.

Les Indiens chibchas, qui ont dominé la Colombie, étaient de remarquables orfèvres, possédant une civilisation particulièrement avancée. Leur confrontation avec les conquérants espagnols forma la Colombie moderne, avec sa gastronomie raffinée et originale. C'est une cuisine simple à réaliser, et la plupart des ingrédients sont faciles à trouver. C'est une nourriture fort agréable, différente, sans être trop exotique.

Sur la côte colombienne, le lait de coco est largement utilisé dans des plats de riz, de poisson, avec les viandes et la volaille. Un des plats préférés est le riz à la noix de coco et aux raisins, *arroz con coco y pasas*. On prépare aussi d'étonnants ragoûts sur les hauts plateaux, mi-soupe, mi-plat complet, tels le ragoût de poulet de Bogotá, *ajiaco de pollo bogotano*, ou le *sancoche*, une soupe aux bananes plantains et à la farine de manioc.

Le Venezuela

La cuisine vénézuélienne est peu marquée par des origines indiennes, contrairement à la cuisine colombienne, car seuls de petits groupes d'Indiens caraïbes occupaient le pays. C'est une cuisine coloniale, une adaptation des habitudes espagnoles aux ingrédients locaux, avec quelques recettes originales et des emprunts aux pays latino-américains. Une plaisanterie sans méchanceté se moque de l'amour des Vénézuéliens pour leurs haricots noirs : lorsqu'ils sont mis en purée, on les appelle *caviar criollo*, ou caviar local, un bien grand compliment pour cet humble haricot...

Le plat national du Venezuela est le *pabellon caraqueño*, languettes de boeuf grillées accompagnées d'une sauce tomate relevée et garnies de riz, de plantains sautés et de haricots noirs. Son ancêtre est un plat espagnol du XVIe siècle préparé avec du flanc de boeuf.

Le remplaçant local du pain est une galette de maïs grillée, ou *arepa*, ressemblant aux tortillas mexicaines. On en consomme aussi en Colombie. ∎

■ SOUPE au MAÏS

Cette soupe réveille la saveur douce et sucrée du maïs en épi. Vous pouvez aussi utiliser du maïs congelé ou en boîte pour cette recette.

- *25 min*
- *6 personnes*

6 épis de maïs frais ou 700 mL (3 tasses) de maïs congelé ou en boîte
1 L (4 1/2 tasses) de bouillon de poulet
sel et poivre
15 mL (1 c. à tab.) de beurre

● Détacher les grains de maïs des épis s'il y a lieu.

● Verser les grains et le bouillon de poulet dans une casserole et faire mijoter 5 min. Filtrer la soupe et réduire les solides en purée au mélangeur ou au robot, avec un peu de bouillon.

● Filtrer la purée dans la casserole et ajouter le bouillon. Goûter et assaisonner si nécessaire. Faire réchauffer, incorporer le beurre et servir chaud.

Soupe au maïs

● ●

■ BOEUF aux BANANES VERTES

Ce boeuf aux plantains, servi avec des haricots à oeil noir et du riz, est le plat national du Venezuela. Il est réputé pour sa ressemblance avec un drapeau (pabellon) à cause des couleurs de la viande, des bananes, des haricots et du riz.

- *3 h*
- *6 personnes*

**700 g (1 1/2 lb) de bifteck
de flanc**
**350 mL (1 1/2 tasse) de bouillon
de boeuf**
1 oignon émincé
1 gousse d'ail émincée

**2 - 3 tomates blanchies, pelées et
hachées**
sel
90 mL (6 c. à tab.) d'huile
**1 - 2 bananes vertes (plantains)
mûres**
6 oeufs

Boeuf aux bananes vertes

● Couper la viande en 3 ou 4 morceaux et mettre ceux-ci dans une grande cocotte. Ajouter le bouillon et éventuellement un peu d'eau (la viande doit être juste couverte). Porter à ébullition et laisser frémir 2 h à feu très doux, jusqu'à ce que la viande soit tendre.

● Laisser alors la viande refroidir dans le bouillon pendant 30 min environ.

● Lorsque la viande est tiède, l'égoutter et conserver le bouillon pour un autre usage. Défaire la viande avec les doigts, la mettre dans un bol, ajouter l'oignon, l'ail, les tomates et du sel.

● Faire chauffer 30 mL (2 c. à tab.) d'huile à feu doux dans une sauteuse et y faire revenir le mélange pendant 15 min environ, jusqu'à ce que le liquide de cuisson se soit évaporé et que l'oignon soit tendre.

● Pendant ce temps, peler les bananes et les couper en deux sur la longueur. Faire chauffer 30 mL (2 c.à tab.) d'huile à feu moyen dans une poêle et y faire frire les bananes 3 min environ sur chaque face.

● Faire chauffer le reste de l'huile dans une autre poêle, y casser les oeufs et les faire cuire au plat.

● Mettre la préparation à la viande dans un plat. Disposer les oeufs tout autour et les bananes au milieu et servir immédiatement.

Servir en même temps du riz vénézuélien et des haricots à oeil noir à la mode vénézuélienne.

> *Choisir un vin rouge bien corsé;*
> *un Rioja espagnol pourrait*
> *accompagner ce plat.*

■ HARICOTS NOIRS à la MODE VÉNÉZUÉLIENNE

Ces haricots sont très populaires au Venezuela et accompagnent une grande variété de plats.

- *trempage : 4 h + 2 h 30 min*
- *6 personnes*

500 mL (2 tasses) de haricots noirs
30 mL (2 c. à tab.) d'huile d'olive
1 oignon émincé
1 piment rouge doux, épépiné et haché
3 gousses d'ail hachées
5 mL (1 c. à thé) de cumin en poudre
15 mL (1 c. à tab.) de sucre
sel

● Laver les haricots, les couvrir d'au moins 5 cm (2 po) d'eau froide et faire tremper 4 h.

● Égoutter et ajouter assez d'eau pour couvrir les haricots de 2,5 cm (1 po) de liquide. Amener à ébullition, couvrir et faire mijoter 2 h à feu moyen, jusqu'à ce que les haricots soient tendres.

● Faire chauffer l'huile à feu doux dans une poêle et y faire sauter l'oignon et le piment. Incorporer l'ail, le cumin et le sucre.

● Ajouter ce mélange aux haricots, saler et faire cuire 30 min, à moitié couvert, en remuant de temps en temps pour empêcher la préparation de coller; celle-ci devrait être assez sèche. Servir chaud comme accompagnement.

■ BAR en SAUCE aux PIMENTS

Les Vénézuéliens utilisent de préférence du bar, mais tout poisson à chair blanche et ferme peut convenir.

- *45 min*
- *4 personnes*

1 bar de 1,1 kg (2 1/2 lb) nettoyé et écaillé
sel et poivre

2 oignons tranchés
1 piment rouge doux coupé en lanières
1 piment vert doux coupé en lanières
6 - 7 pommes de terre pelées et tranchées

Bar en sauce aux piments

75 mL (1/3 de tasse) d'huile d'olive
45 mL (3 c. à tab.) de beurre
**796 mL (28 oz) de tomates en
conserve égouttées, hachées**
**1 petit piment de chili fort émincé
ou quelques gouttes de sauce au
piment fort**
30 mL (2 c. à tab.) de câpres
**20 petites olives vertes farcies au
piment**
250 mL (1 tasse) de vin rouge

● Couper le poisson en tronçons de 4 cm (1 1/2 po) ou demander au poissonnier de le faire. Le saler et le poivrer.

● Faire cuire les pommes de terre à l'eau bouillante salée environ 15 min. Pendant ce temps, faire chauffer 15 mL (1 c. à tab.) d'huile et le beurre dans une grande poêle et y faire dorer le poisson sur toutes les faces. L'égoutter et le tenir au chaud.

● Faire fondre les oignons et les piments doux dans la poêle, y ajouter les tomates, le piment fort, les câpres et les olives et laisser mijoter 3 min.

● Verser le vin et le reste de l'huile d'olive dans la poêle et laisser mijoter pendant 10 min, jusqu'à ce que la sauce soit bien liée. Y mettre le poisson et le faire réchauffer de 2 à 3 min.

● Disposer le poisson sur un plat de service chaud, le recouvrir de sauce. Égoutter les pommes de terre et les ranger autour du poisson.
Servir aussitôt.

■ POMMES de TERRE aux TOMATES et au FROMAGE

Ces papas choredas, *délicieuses pommes de terre nappées d'une sauce aux tomates, au fromage et à la crème, viennent de Colombie.*

● *30 min*
● *6 personnes*

6 pommes de terre, pelées
25 mL (1 1/2 c. à tab.) de beurre
1 oignon émincé
**541 mL (19 oz) de tomates en
conserve, égouttées et hachées**
sel et poivre
**125 mL (1/2 tasse) de crème
à 35 %**
250 mL (1 tasse) de cheddar râpé

● Faire bouillir les pommes de terre jusqu'à ce qu'elles soient tendres. Les égoutter et garder au chaud.

● Faire chauffer le beurre à feu moyen et y faire blondir l'oignon. Ajouter les tomates, du sel et du poivre et faire cuire 5 min en remuant.

● Incorporer la crème et le fromage et faire cuire, en remuant, jusqu'à ce que le fromage soit légèrement fondu. Verser la sauce sur les pommes de terre et servir sans attendre.
On peut laisser aller son imagination et varier les ingrédients : utiliser de la crème sure pour remplacer la crème à 35 % ou remplacer l'oignon par 6 à 8 échalotes hachées. L'on peut aussi remplacer le cheddar par du fromage bleu.

■ RAGOÛT de POULET de BOGOTÁ

- *1 h 30 min*
- *6 personnes*

45 mL (3 c. à tab.) de beurre
**1 poulet de 1,6 kg (3 1/2 lb) coupé
en 6**
2 oignons émincés
**8 - 10 pommes de terre à chair fari-
neuse coupées en tranches fines**
**1 L (4 1/2 tasses) de bouillon de
volaille**
**18 petites pommes de terre
nouvelles ou pommes de terre à
pelure rouge nettoyées**
2 épis de maïs coupés en 3
45 mL (3 c. à tab.) de câpres
sel et poivre
250 mL (1 tasse) de crème à 35 %

■ POUR SERVIR
1 avocat

● Faire chauffer le beurre dans une grande casserole à fond épais et y faire sauter les morceaux de poulet, jusqu'à ce qu'ils soient dorés de toutes parts. Les égoutter avec une écumoire.

● Faire sauter les oignons et les rondelles de pommes de terre dans la même casserole, jusqu'à ce que l'oignon soit tendre. Y placer de nouveau les morceaux de poulet, verser le bouillon, couvrir et laisser mijoter à feu doux, jusqu'à ce que le poulet soit à moitié cuit et que les pommes de terre commencent à se défaire. Compter environ 30 min.

● Ajouter les pommes de terre nouvelles dans la casserole et laisser cuire jusqu'à ce que le poulet et ces pommes de terre soient tendres. Compter environ 15 min. Retirer le poulet de la casserole ainsi que les pommes de terre nouvelles. Garder au chaud.

● Réduire le contenu de la casserole en purée au mélangeur, au robot ou passer au tamis. Saler et poivrer la purée, y ajouter le poulet, les pommes de terre nouvelles, le maïs et les câpres et faire mijoter pendant 5 min. Ajouter la crème et faire juste réchauffer.

● Pour servir, peler l'avocat, le couper en tranches. Verser le ragoût dans un plat et garnir de lamelles d'avocat.

* * *

■ TREMPETTE à l'AVOCAT

- *15 min*
- *6 personnes*

1 oeuf dur
**15 mL (1 c. à tab.) de feuilles de
coriandre fraîches, hachées fin**
**1 piment vert fort, épépiné et haché
fin ou quelques gouttes de
sauce aux piments forts**

1 avocat dénoyauté et épluché
**15 mL (1 c. à tab.) de vinaigre de
vin blanc**
sel et poivre

● Hacher finement le blanc de l'oeuf.
● Incorporer le jaune d'oeuf à l'avocat en remuant bien puis ajouter le reste des ingré-dients. Garder au froid jusqu'à utilisation.

* * *

■ FLAN à l'ANANAS

Voici une recette traditionnelle délicieusement légère.

- *2 h 30 min + réfrigération : 2 h*
- *6 personnes*

300 mL (1 1/4 tasse) de sucre
250 mL (1 tasse) de jus d'ananas
    non sucré
4 oeufs

● Faire fondre 60 mL (1/4 de tasse) de sucre dans un bain-marie de 1,25 L (5 tasses) de contenance. Remuer constamment, jusqu'à ce que le sucre soit richement caramélisé.

● Tremper le fond de la casserole de 1 à 2 secondes dans de l'eau froide, puis tourner pour enrober l'intérieur de caramel. Réserver.

● Verser le jus d'ananas dans une casserole avec le reste du sucre et faire mijoter 5 min en remuant. Le liquide devrait réduire et épaissir. Laisser refroidir.

● Battre les oeufs jusqu'à ce qu'ils soient épais et pâles. Verser le jus en filet dans les oeufs, en fouettant constamment.

● Verser ce mélange dans la casserole contenant le caramel et faire mijoter, à couvert, pendant 2 h. Laisser refroidir et réfrigérer au moins 2 h, jusqu'au moment de servir.

● Pour servir, décoller le flan des parois à l'aide d'un couteau trempé au préalable dans de l'eau froide, couvrir d'une assiette et retourner.
Servir immédiatement.

Flan à l'ananas

■ DESSERT COLOMBIEN au FROMAGE

* *15 min*
* *4 à 6 personnes*

450 g (1 lb) de mozzarella ou autre fromage à pâte mi-dure
425 mL (1 3/4 tasse) de cassonade
5 cm (2 po) d'écorce de cannelle ou 7 mL (1 1/2 c. à thé) de cannelle moulue

● Couper le fromage en 4 ou 6 tranches horizontales et les disposer dans un plat de service peu profond.

● Mélanger le sucre, 250 mL (1 tasse) d'eau et la cannelle dans une petite casserole. Porter à ébullition à feu moyen en remuant pour dissoudre le sucre, puis laisser mijoter à feu doux pendant 5 min sans tourner.

● Verser le sirop chaud sur le fromage et servir immédiatement. Accompagner de craquelins salés.

■ PUNCH au CACAO et au RHUM

* *préparation et cuisson : 10 min*
* *refroidissement et réfrigération : 2 h*
* *10 personnes*

175 mL (3/4 de tasse) de sucre
60 mL (1/4 de tasse) de cacao en poudre
500 mL (2 tasses) de lait
250 mL (1 tasse) de rhum
250 mL (1 tasse) de crème à 15 %
125 mL (1/2 tasse) de curaçao ou autre liqueur à l'orange

■ POUR SERVIR
cubes de glace pour servir

● Mélanger le sucre et le cacao dans une casserole. Y verser doucement le lait en remuant, jusqu'à ce que le mélange soit bien lisse. Faire chauffer à feu doux, jusqu'à ce que le liquide frémisse, puis laisser mijoter en tournant pendant 1 min. Laisser refroidir.

● Ajouter le rhum, la crème et le curaçao en tournant, puis laisser au réfrigérateur jusqu'à ce que le liquide soit glacé.

● Servir avec des glaçons dans des verres à punch ou de petits gobelets.

INDEX DES RECETTES

■ Vol. 4: CHINE

■ Vol. 5: VIÊT-NAM • JAPON • THAÏLANDE • CORÉE • MALAISIE • INDONÉSIE

■ Vol. 6 : ESPAGNE • PORTUGAL • GRÈCE • ÉGYPTE • MAROC

■ Vol. 7 : LOUISIANE • CALIFORNIE • MEXIQUE • AMÉRIQUE DU SUD

■ Vol. 8 : SUD DE LA FRANCE

© MARSHALL CAVENDISH 1992.
© LES ÉDITIONS TRANSCRIPT, 395 boul. Lebeau, Saint-Laurent (Québec) H4N 1S2.
Division des Publications Transcontinental inc. Membre du Groupe Transcontinental G.T.C. ltée.

• Directeur général : Pierre-Louis Labelle • Directeur du marketing : Robert Ferland • Secrétaire de direction :
Dominique Denis • Rédactrice en chef : Danielle Champagne • Reviseure : Martine Gaudreault
• Correcteurs d'épreuves : Services d'édition Guy Connolly • Directrice artistique : Fabienne Léveillé
• Infographistes : Lan Lephan, Badin-Côté Design • Imprimé par Interglobe Montréal.

Dépôt légal : 4e trimestre 1992 - Bibliothèque nationale du Québec - Bibliothèque nationale du Canada